Jörg Mittelsten Scheid

GEDANKEN
ZUM
FAMILIENUNTERNEHMEN

Jörg Mittelsten Scheid

GEDANKEN ZUM FAMILIENUNTERNEHMEN

C. E. Poeschel Verlag Stuttgart

Verfasser:
Dr. jur. Jörg Mittelsten Scheid, persönlich haftender
Gesellschafter
des Familienunternehmens Vorwerk & Co., Wuppertal

CIP-Kurztitelaufnahme der Deutschen Bibliothek

Mittelsten Scheid, Jörg:
Gedanken zum Familienunternehmen/
Jörg Mittelsten Scheid. – Stuttgart: Poeschel, 1985.
ISBN 3-7910-0385-2

© J. B. Metzlersche Verlagsbuchhandlung
und Carl Ernst Poeschel Verlag GmbH in Stuttgart 1985

Satz: Walter Huber, Ludwigsburg
Druck: Gulde-Druck, Tübingen
Printed in Germany

Vorwort

In den Winter- und Sommerferien des Jahres 1982 habe ich niedergeschrieben, was mich zu diesem Thema bewegte: Gedanken, Erlebtes und Fragmente von Gesprächen. Keine vorbedachte Gliederung schränkte mich ein. Es war nur für mich und meine Familie bestimmt. Später mußte ich mühsam Ordnung schaffen und Zuordnungen neu vornehmen. Dabei versuchte ich, das Spontane und Persönliche der Gedanken zu bewahren.

Diese Arbeit ist keine umfassende oder wissenschaftlich angelegte Betrachtung des Familienunternehmens. Der Titel soll deutlich machen, daß hier einzelne, für mich wichtige Aspekte des Familienunternehmens, aber auch des Umfeldes, in dem es existiert, zur Sprache kommen. Auch ging es mir darum, meinen eigenen Standort, nicht nur gegenüber dem ökonomischen, sondern auch dem weltanschaulich ideologischen Umfeld zu klären. Eine für Unternehmer ungewohnte Beschäftigung. Zwischen Intellektuellen und Unternehmern klafft eine tiefe Kluft. Intellektuelle sind meist zu differenziert, um die Kraft zum Handeln aufzubringen, und Unternehmer bewegen sich zu sehr im Bereich des Handelns, um sich mit der Kritik Intellektueller auseinanderzusetzen. Man kennt es aus Kriegsgefangenenlagern des II. Weltkrieges: Unternehmer und Arbeiter fanden sich. Der Intellektuelle stand eher abseits.

Keiner von uns kann aber isoliert leben, nur seinem Bereich zugewandt. Deshalb dieser Versuch einer Standortbestimmung eines Unternehmers.

INHALTSVERZEICHNIS

I. Was sind Familienunternehmen?   1

II. Familienunternehmen in der
Generationenfolge   7
   1. Die Gründergeneration   7
   2. Die zweite Generation 12
   3. Die dritte und alle folgenden Generationen . 18
      a) Was ist das Firmeninteresse? 18
      b) Die Entwicklung von Interessengegensätzen . . 19
      c) Konflikte mit dem Unternehmer 20
      d) Konflikte mit inaktiven Gesellschaftern 25
      e) Lösungsmöglichkeiten 33

III. Warum Familienunternehmen?
Pro und Contra 45
   1. Der Wandel des geistigen Umfeldes 46
   2. Die Sicht der Öffentlichkeit 50
      a) Kritik am Familienunternehmen 50
      b) Würdigung des Familienunternehmens 57
   3. Die Sicht der Mitarbeiter 62

IV. Familienunternehmen in der Zukunft . . 73

I. Was sind Familienunternehmen?

Ergeht es uns mit den »Familienunternehmen« nicht wie mit dem schlechten Wetter – jeder weiß, was damit gemeint ist, aber keiner kann es definieren?

Eine umfassende Definition oder Legaldefinition gibt es nicht. Der große Brockhaus schwieg[1] bis zu seiner Jubiläumsausgabe von 1978. Dort heißt es: »I.d.R. eine Personengesellschaft, bei der die Gesellschafter oder der größere Teil der Gesellschafter Angehörige derselben Familie sind.«

Ähnlich heißt es in Gablers Lexikon des Wirtschaftsrechtes: »Personen- oder auch Kapitalgesellschaften, bei denen zwischen den Gesellschaftern verwandtschaftliche Beziehungen bestehen.«

Etwas differenzierter beschreibt Kurt Pentzlin Familienunternehmen als »Unternehmen ... deren Kapital ganz oder doch in einem entscheidend großen Teil sich (noch) im Familienbesitz befindet und in denen ein (oder mehrere) Vertreter der besitzenden Familie das Unternehmen leitet oder aktiv in der Firmenführung mitarbeitet.«[2]

Hier wird also nicht nur gefordert, daß die Familie Besitzfunktion innehat, sondern daß sie auch aktiv an der Unternehmensführung beteiligt ist. Dennoch ist auch diese Begriffsbestimmung nicht ausreichend, wie wir an ein paar einfachen Beispielen sehen. Schon die Forderung, daß das Unternehmen *einer* Familie gehören muß, trifft häufig nicht zu.

Beispielsweise gibt es eine Reihe von Familiengesellschaf-

---

[1] Ebenso das »Handwörterbuch der Sozialwissenschaften« und die Neuauflage hiervon das »Handwörterbuch der Wirtschaftswissenschaft« (HdWW). Verlag Vandenhoeck & Ruprecht, Co-Produktion mit den Verlagen G. Fischer und J.C.B. Mohr (Paul Siebeck), Göttingen, Stuttgart, Tübingen 1977–1983.
[2] Kurt Pentzlin, »Die Zukunft des Familienunternehmens«. Econ Verlag GmbH, Düsseldorf 1976, S. 10.

ten, die an die Börse gegangen sind und auf diese Weise völlig Unbekannte als Aktionäre in den Gesellschafterkreis aufgenommen haben. So etwa die Deckel AG, die Draeger AG oder die Herlitz AG (Kugelfischer, Mauser), die heute noch Familiengesellschaften sind, obwohl eine beträchtliche Anzahl von Aktionären mit den Familienmitgliedern weder verwandt noch verschwägert sind.

Dann gibt es Gesellschaften, deren Anteile nicht von einer, sondern von mehreren Familien gehalten werden, die miteinander nicht verwandt sind. Z. B. hielten bis vor kurzem (als die Firma an die Börse ging) vier Familien jeweils ein Viertel der Wella AG-Aktien, oder die Familien Miele und Zinkann sind ungefähr jeder zur Hälfte an der Miele GmbH beteiligt.

Schließlich gibt es Gesellschaften, die den Eindruck wekken, noch unter Familieneinfluß zu stehen, obwohl die Mehrheit der Anteile der Familie nicht mehr gehören. Hierfür ist etwa die Firma Siemens ein Beispiel. Die Familie hat allmählich die Mehrheit der Anteile abgegeben, wenn auch durch Stimmbündelung immer noch Einfluß. Trotzdem wird von Mitarbeitern auf eine besondere Atmosphäre des Hauses hingewiesen, die durch die Familie und besonders die Person eines Peter von Siemens geschaffen worden sei.

Andererseits gibt es Gesellschaften, die ganz oder überwiegend einer Familie gehören, aber trotzdem nicht mehr recht als Familiengesellschaften angesehen werden, weil die Familie oder die Personen der Gesellschafter im Unternehmen nicht mehr spürbar sind. So sind die Flick AG oder die Quandt KG zwar (Holding)-Familiengesellschaften; ob dies aber für die eigentlichen operativen Gesellschaften wie Feldmühle, Dynamit Nobel, Varta AG, Krauss-Maffei oder BMW noch gilt, muß bezweifelt werden, weil hier der persönliche Einfluß, die persönliche Gegenwart des Inhabers nicht mehr gespürt wird.

Beide Elemente müssen vorhanden sein: Kapitalbeteiligung und der Einfluß der Familie oder Familien auf das Unternehmen.

Man müßte daher umfassender sagen: »Familiengesellschaften sind Unternehmen, die durch einen oder mehrere Gesellschafter beherrscht werden, wobei im letzteren Fall zumindest teilweise verwandtschaftliche Beziehungen bestehen.«

Oder ganz allgemein:

»Familiengesellschaften sind Unternehmen jeder Rechtsform, die unter Familieneinfluß stehen.«[3]

Das Gegenstück zur Familiengesellschaft bildet die anonyme Gesellschaft oder auch Publikumsgesellschaft – beide Bezeichnungen drücken aus, daß sich die Gesellschafter in ihrer Mehrzahl gegenseitig nicht kennen und nicht verwandt sind.

Während die Familiengesellschaft alle Rechtsformen des HGB und der Kapitalgesellschaften annehmen kann und auch annimmt, angefangen über den Einzelkaufmann (Oetker)[4], die KG (Henkell, Freudenberg, Bahlsen, Flick, Vorwerk & Co.), die KGaA (Klöckner, Henkel, Frowein), die GmbH (Miele, Haindl, Reemtsma, Melitta) oder die AG (Deckel, Draeger, Siemens, Wella, Herlitz), ist die anonyme Gesellschaft auf die Rechtsform der Kapitalgesellschaft angewiesen.[5] Eine Personalgesellschaft ist daher nach der hier vertretenen Auffassung immer Familiengesellschaft; es sei denn, die Gesellschafter verzichten darauf, Einfluß auf das Unternehmen auszuüben.

In aller Regel entwickelt sich die anonyme Gesellschaft aus der Personen- und damit meist aus einer Familiengesellschaft.

---

3 Der kompetente Partner für Familienunternehmen, Institut für Recht und Wirtschaft, Kurzpräsentation. Frankfurt 1982.
4 Bis vor kurzem.
5 Eine Ausnahme bilden Vermögensanlagegesellschaften (Explorationsgesellschaften – Schiffsbau, Grundbesitz), die aus steuerlichen Gründen häufig als Personalgesellschaft gegründet werden, ohne daß die Gesellschafter sich kennen. Diese Gesellschaften bleiben in meiner Betrachtung unberücksichtigt, weil ihr Ziel Vermögensanlage und nicht eigentlich aktive unternehmerische Tätigkeit ist.

Ein Unternehmen wird durch natürliche Personen gegründet, und die Gründer halten den rechtlichen Einfluß auf die Gesellschaft. Die Form der Familiengesellschaft bildet daher die Jugendphase der meisten Gesellschaften, gleichgültig, ob sie später zu einer anonymen Gesellschaft werden oder nicht.[6]

Ebenso stellt die Entwicklung hin zu einer Kapitalgesellschaft einen natürlichen Fortgang dar. Wenn das Unternehmen wächst und ein Volumen erreicht, das besonderer Finanzierungsquellen bedarf oder wenn mit zunehmendem Alter das Verhältnis der Familie zum Unternehmen sich ändert. Große und ältere Gesellschaften sind daher seltener in der Form der Familiengesellschaft anzutreffen.

Welches sind die Gründe hierfür?
Ich schlage vor, die Probleme und Schwierigkeiten in Phasen aufzuteilen, die der Generationsfolge entsprechen. Ich werde zu zeigen versuchen, daß jede Generation eigene spezifische Probleme und Gefährdungen mit sich bringt.

---

[6] Es kommt natürlich auch vor, daß zwei oder mehr Unternehmen eine Gesellschaft neugründen (etwa die Kraftwerksunion (KWU) durch Siemens und AEG, oder die Deutsche Anlagen-Leasing (DAL) durch verschiedene Banken). Hier entsteht meist, wenn auch nicht immer, sofort eine Kapitalgesellschaft.

II. Familienunternehmen in der Generationenfolge

1. Die Gründergeneration

Immer stehen am Anfang ein oder mehrere Menschen mit einer neuen Idee. Dieser kreative Gedanke kann sich auf ein Produkt (wie die Erfindung des Backpulvers bei Oetker, Haarwasser bei Dralle oder des Autos bei Daimler und Benz), er kann sich auf eine Produktionsart (Wienerwald: Serienproduktion von Brathähnchen; Korff, der das Reduktionsverfahren zur Herstellung von Stahl einführte) oder auch einen anderen Vertriebsweg beziehen (Quelle: Versandhaus; Hertie: Warenhaus; Avon: Direktvertrieb). Entscheidend ist die Neuartigkeit des Gedankens. Dies allein genügt aber in der Regel nicht. Hinzukommen muß die Selbstüberzeugung, d. h. der Glaube an sich selbst und daran, daß der Gedanke durchsetzbar ist. Erst dies löst die Kräfte aus, die notwendig sind, alle Hindernisse zu überwinden und das Projekt durchzusetzen.[7]

Die Umsetzung des Gedankens ist der eigentliche unternehmerische Akt. Als Beispiel mag die Erzählung von Friedrich Jahn gelten, der berichtete, wie er als Ober in München angestellt, über den Festplatz der Oktoberwiese schlenderte, wobei ihm auffiel, daß die an Spießen gerösteten Brathähnchen 15–16 Mark kosteten und damit für viele der »Wies'n«-Besucher zu teuer waren. Der Gedanke verließ ihn nicht mehr, insbesondere nachdem er in Erfahrung gebracht hatte, daß auf dem Viktualienmarkt ein ungebratenes Huhn für 2–3 Mark zu haben war.

Eine Riesengewinnspanne wurde deutlich, wenn es

---

[7] J.A. Schumpeter, Kapitalismus, Sozialismus und Demokratie. Franke Verlag, München 1950, S. 214ff.

gelänge, einen sinnvolleren Produktionsprozeß aufzubauen. Der Markt für diese Produkte – vor allem, wenn diese Luxuskost billiger würde, schien riesig. Der Gedanke zum Wienerwald war geboren.

Gelingt es, den kreativen neuen Gedanken richtig umzusetzen, stellt sich der Erfolg des Unternehmens bald ein.

Dieser Gründungsprozeß ist volkswirtschaftlich von größter Bedeutung, weil hier in der Arena des freien Marktes die vielfachen Innovationskräfte in Wettstreit treten und nur die Tüchtigen, Lebensfähigen sich durchsetzen können.

Unbestritten ist, daß zumindest in manchen Gebieten der Wirtschaft die Innovation nicht von den großen etablierten Gesellschaften hervorgebracht wird, sondern daß es nach wie vor kleinere und häufig neue Gesellschaften sind, die den Fortschritt tragen.

Kehren wir zu unserer fiktiven Gesellschaft zurück, die mittlerweile größer und erfolgreicher geworden ist. Sie befindet sich in einer Phase der starken Expansion. Eine Expansion, die berauscht und mitreißt. Jede Expansionsphase flacht aber irgendwann einmal ab. Kein Markt wächst unbegrenzt. Wettbewerb oder sich wandelnde Bedürfnisse und Wünsche der Abnehmer mögen die Ursache sein.

Wie verhält sich unser Unternehmer nun?

In vielen Fällen gerät der Unternehmer in eine Krise, wenn er von dieser Entwicklung überrascht wird. Er hat nicht wahrgenommen, daß wirtschaftliche Bedingungen sich geändert haben, und er hat sich dieser Veränderung nicht angepaßt.

Die Fähigkeit zur Anpassung ist in der Regel ohnedies nicht die Stärke des Gründungsunternehmers. Sein Glaube an sich, seine Zähigkeit, das anvisierte Ziel zu verfolgen, alles was notwendig war, um zum Erfolg zu kommen, steht nun im Wege und ist seiner Natur nach das Gegenteil von Anpassung. An Expansion gewöhnt, glaubt er an sie, ja, braucht sie wie eine Droge. Der Rausch des Wachstums ist zum Erfolg selbst geworden.

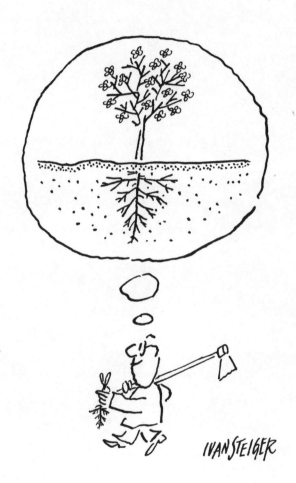

Damit kehrt sich seine einstige Stärke in Schwäche. Er ist der Macher, nicht der Analytiker. Wenn es dem Macher nicht gelingt, den Wandel selbst zu »machen«, vielleicht sogar zu initiieren, dann wird ihm die Fähigkeit zur Anpassung schwerfallen, weil sie die Fähigkeit voraussetzt, die Wirklichkeit zu sehen wie sie ist, nicht wie man sie gestalten will.

Was also wird dieser Unternehmer tun? Er wird versuchen – von der Richtigkeit seiner alten Gedanken überzeugt –, seine Expansion fortzusetzen und seine Überzeugungen, wenn es sein muß, gegen den Markt durchzukämpfen.

Ein Beispiel ist etwa die van Delden Gruppe. Jürgen Jeske beschreibt die Entwicklung in der FAZ am 14. 10. 1978 so:

»Hendrik van Delden, der Chef der Gruppe, ... begann zu expandieren. Trotz einer sehr kleinen Kapitalbasis wurden zum Teil mit öffentlicher Hilfe ... innerhalb von 10 Jahren vier zum Teil sanierungsreife Betriebe übernommen. Sie wurden auf »großindustrielle Mengenfertigung« umgestellt. Es war die Zeit der allgemeinen Wachstumsphase. ... Persönlicher Ehrgeiz kam hinzu ... Als jedoch ... die Zeit der hohen Zuwachsraten zu Ende ging, stimmte das Konzept der Größe nicht mehr.«

Der Markt verlangte ein breitgefächertes Angebot, und so mußte das Unternehmen 1977 Kurzarbeit einführen. Der als erfolgreich angesehene Mitgeschäftsführer wurde entlassen. Die van Deldens wollten das Ruder wieder alleine ergreifen. Eine neue flexible Marktpolitik gelang ihnen nicht. Persönliche Streitereien kamen dazu. Auch öffentliche Bürgschaften und Darlehen sowie das zur Bedingung gemachte Ausscheiden von Gerrit van Delden, dem früher stärksten Expansionsmotor, konnte das Unternehmen nicht mehr retten. Zum Jahresende 1980 war der Zusammenbruch da.[8]

---

8 Ein Beispiel hierfür ist Friedrich Jahn mit seiner verlustreichen Expansion nach Amerika. Ein ganz anderes bildet Max Grundig, der sein Unternehmen

Hier wird ein spezifisches Problem der ersten Generation deutlich. Der Patriarch überlebt seine Zeit, und er überlebt den Zeitpunkt, zurückzutreten und rechtzeitig Platz zu machen für die zweite Generation. Es sind im wesentlichen vier Gefahren, die einzeln oder zusammen auftreten:
– nicht rechtzeitiges Zurücktreten
– dem Rausch der Expansion verfallen
– starke Eigenüberzeugung verhindert ausreichende Flexibilität
– in einer Wirtschaftskrise reicht die Kapitaldecke nicht aus.

Auch der letzte Punkt hängt häufig mit zu starker Expansion zusammen, die ein ausreichendes Wachstum des Kapitals in der zur Verfügung stehenden Zeit nicht erlaubte.

Was aber, wenn der Patriarch klug genug war, seine Grenzen zu erkennen, und die Geschicke des Unternehmens rechtzeitig in die Hände der nachfolgenden Generation zu legen?

2. Die zweite Generation

Hier treffen wir nun in der Regel auf bereits äußerlich andere Umstände.

Auch der erfolgreiche Einzelunternehmer legt die Nachfolge, wenn er mehrere Söhne hat, nicht in die Hände eines

---

in französische Hände legen wollte, nachdem er mehrfach Nachfolger öffentlich vorgestellt hatte, die aber alle wieder gehen mußten, weil sie seinen Vorstellungen nicht folgen und Max Grundig die Oberherrschaft nicht aus der Hand geben wollte. Nun ist es bei Phillips gelandet.
Beide Männer waren ungewöhnlich erfolgreich, aber beide hatten Schwierigkeiten, rechtzeitig die Zügel aus der Hand zu geben und andere Männer mit anderen Gaben, die nun erforderlich gewesen wären, an Bord zu holen.
Fritz Ries (Pegulan), Alfred Kreidler oder auch Korff sind weitere Beispiele für blinden Expansionsdrang ebenso wie Esch mit der Firma IBH. Alle duldeten neben sich kein qualifiziertes Management.
Werner Otto, Konrad Henkel oder Heinz Nixdorf sind im Gegensatz hierzu Unternehmerbeispiele, die während ihrer aktiven Zeit qualifizierte Männer zu sich holten und ihnen genügend Entfaltungsraum ließen.

Einzelnen. Es sind nun die Söhne des oder der Gründer, die zusammen die Verantwortung tragen. Sie sind durch Erbgang bestimmt und haben somit nicht die Freiheit, sich einen Partner selbst zu wählen.

Damit erscheint als typische Gefahr der zweiten Generation das Problem des Sich-Vertragens. Manche Firmen sind hieran gescheitert.[9]

Wenn sich Nachfolger nicht verstehen, so liegt dies häufig an der Pattsituation. Stimmengleichheit verleitet zu Machtkämpfen, sachfremden Empfindlichkeiten und zur Blockade bis zur Bewegungslosigkeit. Sind die Machtverhältnisse klar, weil Einer das Sagen hat, wird die Zusammenarbeit versachlicht oder aber der Schwächere scheidet aus.

Das Vater/Sohn-Problem ist die zweite große Hürde dieser Generation. Zuweilen hat sie unter starken Vätern zu leiden. Die Person des von seinem Erfolg überzeugten (und deshalb auch erfolgreichen) Patriarchen, die starke Persönlichkeit des »Alten« hat nicht selten die freie Entwicklung der Söhne oder Nachfolger beeinflußt. Sei es in Form eines Konkurrenzkampfes, in dem der junge Neuankömmling in der Regel wenig Chancen hat, oder aber auch im Gegenteil in der Mythologisierung des Nachfolgers, in den der starke Vater seine eigenen, uneingestandenen Wünsche projiziert. Die zweite Generation hat es in der Regel besonders schwer, unbeeinflußt sich selbst und die eigenen Anlagen zu erkennen und zu entwikkeln.

Ist der Vater der typische Gründungsunternehmer, so kann und darf der Sohn ihn nicht kopieren ohne erhebliches Risiko für das Unternehmen. War der Vater der »Macher«, so muß sein Nachfolger der Analytiker sein, der eine Periode der Besinnung, der Konsolidierung und eventuell der Neuorientierung einleitet. Dinge müssen geordnet werden, gründlich

---

9 Eine Reihe anschaulicher Beispiele bietet Kurt Pentzlin »Die Zukunft des Familienunternehmens«. Econ Verlag GmbH, Düsseldorf 1976, S. 18 ff.

durchdacht und abgesichert, bis eine neue expansive Phase einsetzen kann.

Damit erhebt sich die Frage der Ausbildung der zweiten Generation. Sicherlich kennt die zweite Generation das Unternehmen meist recht gut. Man hat zuhause teilgenommen an Sorgen und Nöten, aber auch am Werden und Weiterwachsen des Unternehmens. Man sieht die Firma aus der Nähe, wenngleich auch durch die Brille der Familie oder des Vaters.

Der Patriarch neigt zu der Ansicht, seine Nachkommen sollten von der Pike auf lernen. Zum einen, um sich nicht »zu fein« zu sein und sich »Flausen« in den Kopf zu setzen, zum anderen aber auch, um die väterliche Leistung im rechten Licht zu sehen und bewerten zu lernen.

Seine Angst ist verständlich, weil die wirtschaftlichen und damit sozialen Verhältnisse sich mit dem Wachsen und dem Erfolg des Unternehmens geändert haben. Der Patriarch ist zu Ansehen, Macht und Wohlhabenheit gekommen, hat dies alles aber mit seinen eigenen Händen geschaffen.

Mit Mißtrauen betrachtet er die ihn nun umgebende gesellschaftliche Schicht, ganz fühlt er sich in ihr und ihren Umgangsformen nicht zu Haus. Er sieht, daß seine Kinder sich wie selbstverständlich einfügen, und hat Sorge, daß die zu erwartende Erbschaft sie verderben könnte. Er hat gearbeitet und meint, Probleme müssen praktisch vor Ort gelöst werden. Seine Haltung kann in dem verbürgten Satz ausgedrückt werden: »Akademiker wird man nicht, Akademiker hält man sich.«

Umgekehrt gibt es Patriarchen, die selber keine Universitätsausbildung genossen haben und die diesen Mangel durch ihre Kinder ausgleichen wollen. Allerdings sind sie nach meiner Auffassung in der typischen Gründergeneration eher die Ausnahme (Für die heutige Gründergeneration gilt dies weniger, weil hier neue Unternehmen z. T. modernste Technologien wie Computertechnik, Halbleitertechnik, Gentechnologie als Ausgangspunkt haben.).

Neue Zeiten brauchen aber auch neue Ausbildungen, und gerade in der zweiten Generation ist eine gute analytische Ausbildung wichtig. Immer neue Managementausbildungswege und -stätten sind in den letzten 20 Jahren in und außerhalb der Universität geschaffen worden. Letztlich hilft aber auch die beste Ausbildung nichts, wenn die Anlagen des Nachfolgers in eine andere Richtung angelegt sind.

Trotz Arbeitslosigkeit klagen viele Personalberater und »head hunter« über akuten Mangel an Managern mit Führungsfähigkeit, Leistungsbereitschaft und sachlicher Qualifikation. Die Eignung der Nachfolgegeneration ist daher ein weiteres Problem, das heute viel stärker als früher zu einem heißen Eisen geworden ist. Wenn Top-Manager so schwer zu finden sind, warum sollten gerade die Erben dazugehören?

Als Beispiel für das bisher Gesagte mag die Familiengesellschaft Bauknecht stehen.

Der Gründer, Gottlob Bauknecht, gehörte zu den bedeutenden Unternehmern seiner Zeit. Die beiden Söhne Günther und Gert konnten es nicht leicht gehabt haben, unter diesem starken Patriarchen heranzuwachsen.

Häufig – so wird berichtet – wurden die erwachsenen Söhne von ihm auch in Gegenwart anderer wie Kinder behandelt, ohne eigene Entwicklungs- und Verantwortungsräume.

Gleichwohl war es keine Frage, daß beide in das Unternehmen eintreten würden. So schritt die Zeit ins Land, der Patriarch dachte nicht daran, zurückzutreten und die Söhne eigene Erfahrungen machen zu lassen. Schließlich starb der alte Herr. Die angefangene Entwicklung aber wurde mit der Errichtung von Fertigungsstätten im lohnniedrigeren Ausland (Österreich, Belgien, Frankreich) und im Saarland weiterbetrieben. Das Ergebnis, der Zusammenbruch der Gruppe, ist bekannt.

3. Die dritte und alle folgenden Generationen

Hat ein Familienunternehmen diese Klippen umschifft und ist es erfolgreich auf gutem Kurs geblieben, tritt die dritte Generation ins Scheinwerferlicht. Was sind die für diese Generation typischen Gefahren und Probleme?

Grob vereinfacht lautet die Antwort: Die Entfernung der Familie vom Unternehmen. In dieser Generation hat die Familie sich schon recht weit verzweigt. War in der zweiten Generation der Kontakt zwischen Unternehmen und der es tragenden Familie noch ganz nah, ändert sich dies in der dritten Generation allmählich. Teile der Familie sind in andere Teile des Landes oder ins Ausland verzogen, Töchter haben weggeheiratet, neue Familien sind entstanden. Eigene Partikularinteressen von Familienteilen entwickeln sich, und das Verständnis für das Unternehmen und seine Bedürfnisse nimmt ab. Ein Vorrang des Firmeninteresses vor dem Eigeninteresse der Inhaber wird diskutiert und nicht mehr uneingeschränkt angenommen.

Die ererbte Beteiligung wird als Vermögen verstanden, nicht mehr als Teil des gemeinsamen Unternehmens. Sie wird als Recht angesehen, nicht mehr als Verpflichtung. Damit wird zuweilen der erste Schritt in die Anonymität getan: Vom Anteil am Familienunternehmen zum entpersönlichten Vermögenswert.

Firmeninteresse und Eigeninteresse werden zu spannungsgeladenen Polen. Es ist daher notwendig, zunächst einmal die beiden Interessensphären zu untersuchen.

Beginnen wir mit dem Firmeninteresse.

a) Was ist das Firmeninteresse?

Es setzt wohl zunächst die Anerkennung eines Eigenlebens der Firma voraus und die Anerkennung eines Rechtes auf Eigenleben. Ein Unternehmen ist ein lebender Organismus.

Wie jedes andere Lebewesen auf dieser Welt unterliegt es zeitlichen Einflüssen, ist Änderungen unterworfen, kämpft gegen Abnutzung und Alterung. Es kann aber auch Verjüngungen mit Abschnitten neuer Dynamik und Wachstum erleben. Einen statischen Zustand, in dem alles bleibt wie es ist, gibt es für ein Unternehmen genausowenig wie für jede andere Form von Leben. Ein Stehenbleiben würde den Untergang bedeuten. Der Selbsterhaltungstrieb ist das Grundinteresse jedes Lebens. Das gilt auch für ein Unternehmen.

Der Wille zur Selbstbehauptung, Lebensfähigkeit und -kraft sind daher die Überschriften, unter denen man alles zusammenfassen muß, was das Unternehmen benötigt und was das Unternehmensinteresse ausmacht. Wenn, wie Schumpeter ausgeführt hat, die kapitalistische Wirtschaftsordnung wie jede Wirtschaftsordnung als dynamischer Prozeß und nicht als Zustand angesehen werden kann, so gilt dies selbstverständlich auch für jedes Wirtschaftssubjekt.[10]

In diesem Zusammenhang können wir uns mit dieser generellen Aussage begnügen. Die Interessen der Gesellschafter und des Unternehmens können nun divergieren.

b) Die Entwicklung von Interessengegensätzen

War in der Gründergeneration das Unternehmen aus der Tätigkeit des Gründers entstanden, so war der Erfolg des Unternehmens zugleich Erfolg des Unternehmers. Sein ganzes Interesse galt dem Unternehmen. In dieser Phase war ein Firmeninteresse fast immer identisch mit jenem seines Schöpfers. In dem Maße, in dem der Unternehmer erfolgreich war, war es auch das Unternehmen. Die Expansion beschäftigte

---

10 J.A. Schumpeter Kapitalismus, Sozialismus und Demokratie. Franke Verlag, München 1950, S. 136

immer mehr Menschen. Die Aufgaben mußten aufgeteilt werden. Es wurden Niederlassungen an verschiedenen Orten gegründet. Kurz: Mit der wachsenden Zahl von Menschen im Unternehmen wuchs die Vielfalt der Erfordernisse und Bedürfnisse.

Der Unternehmer hat dem Rechnung zu tragen; er muß z. B. einen Betriebsrat einrichten und vielleicht eine Mitbestimmung im Aufsichtsrat zugestehen. Daneben gewinnen die Mitarbeiter zwangsläufig Einfluß auf das Unternehmen durch die Vorbereitung und Mitgestaltung wichtiger Entscheidungen.

Das Unternehmen hat ein ureigenes Interesse daran, seinen Kunden attraktive Produkte zu attraktiven Preisen anzubieten; denn hiervon hängt sein unternehmerischer Erfolg ab. Um dies zu erreichen, muß es aber auch von seinen Lieferanten richtig bedient werden, d. h. preiswert, pünktlich und in der gewünschten Qualität. Das Unternehmen hat aber ebenfalls ein Interesse daran, über eine ausreichende Kapitalbasis zu verfügen, und das bedeutet, daß der Gewinn hoch genug sein muß, um entweder aus ihm nach seiner Versteuerung Kapital bilden zu können oder fremdes Kapital anzuziehen, weil es Anlegern rentabel erscheint.

Dies sind nur ein paar Beispiele für das mosaikhafte Bild, das sich dem Beobachter bietet, wenn er die Interessenlage eines Unternehmens betrachtet. Damit löst sich das Interesse des Unternehmens allmählich von dem seines Inhabers. Hierfür ein paar Beispiele.

c) Konflikte mit dem Unternehmer

Er kann beispielsweise gezwungen werden, mehr Mittel ins Unternehmen zu stecken und sich zu verschulden, um Wachstum zu finanzieren oder eine Krise zu überbrücken. Das aber widerspricht vermutlich seinen eigenen Vorstellungen, reich zu werden und Einfluß zu haben. Statt dessen hat er nun Schulden und unterliegt dem Einfluß fremder Geldgeber mit dem Risiko, alles zu verlieren. Dies bedeutet noch nicht zwangsläufig, daß er sein Eigeninteresse dem Unternehmensinteresse opfert. Häufig sehen Unternehmer ihr eigenes Interesse mit dem des Unternehmens als gleichgelagert an. Sie glauben also, daß Verschuldung und größeres Risiko wie in unserem Fall dem Ziel Reichtum und Einfluß am besten förderlich sind. Dennoch deutet sich hier die Möglichkeit an, daß Unternehmens- und Unternehmerinteresse zueinander in Konflikt geraten können.

Ein anderer Konflikt wird etwa deutlich bei der Frage der Erbfolge. Wer soll und wie das Unternehmen fortführen? Es ist eine alte Erfahrung, daß Reichtum an sich kein ausreichendes Lebensziel ist. Hat ein Mensch Reichtum erworben, stellt sich sofort die Frage, was er mit dem Vermögen anfangen soll.

Die befriedigendste Antwort bestand immer noch darin, daß Eltern für ihre Kinder sparen, damit diese ein besseres Leben haben. Reiche, kinderlose Ehepaare können vor einem echten Problem stehen, dem Problem der Sinnlosigkeit von Vermögen, das die eigene Bedürfnisbefriedigung übersteigt. In den Kindern aber gibt es eine vorstellbare Form des eigenen Weiterlebens nach dem Tode. Es ist daher nur natürlich, daß auch der Unternehmer die Firma auf seine Kinder übergehen lassen möchte. Was aber, wenn die Kinder nicht geeignet sind? Ungeeignete Firmenführung kann das Unternehmen gefährden und zu seinem Untergang führen. Sie entspricht nicht dem Eigeninteresse des Unternehmens.

Andererseits hängt der Unternehmer nicht weniger als andere Väter an seinen Kindern. Auch er möchte an sie vererben, auch er möchte vielleicht in ihnen weiterleben.

In der Mehrzahl der Fälle – wenn auch nicht immer, wie manches Beispiel zeigt – entscheidet er sich für den Vorrang des Unternehmens. Das Wohlergehen des Unternehmens ist ihm wichtiger als seine eigenen Kinder. Mag sein, daß in vielen Fällen es auch für die Erben richtiger ist, aus dem Unternehmen gehalten zu werden, sozusagen in ihrem eigenen Interesse; nur werden die Erben das meist selber anders sehen. In manchen Fällen (wie bei der Firma Bosch) werden die Erben zu einem Verzicht gezwungen und die Firmenanteile werden in eine Stiftung eingebracht. Warum dieser Vorrang des Unternehmensinteresses?

Zum einen ist das Unternehmen Teil seiner Person und seines Lebens. Es ist daher in vielem seinen natürlichen Kindern ähnlich. Das Weiterleben des Unternehmers in seinem Unternehmen kann ebenso wichtig für ihn sein. Ein schlechtes Management kann den Untergang des Unternehmens bedeuten (und damit eines Stückes Persönlichkeit des Unternehmers). Ein Ausschluß der Kinder von der Unternehmensführung aber bedeutet nicht die Gefahr eines Unterganges seiner Kinder (sondern nur ein Weniger an Machtposition und evtl. Einkommen). Bei rationaler Abwägung ist das Risiko daher nicht gleich verteilt.

Das Unternehmen ist auf geheimnisvolle Weise im Laufe der Jahre nicht nur zum Familienmitglied geworden; es hat sich zum Zentrum der Familie entwickelt (ähnlich dem Stammsitz des Adels oder dem Hof für die Bauernfamilie). Die Einstellung des Unternehmers und seiner Familie zum Unternehmen hat in den meisten Fällen eine neue Qualität gewonnen, die sich am besten mit dem altmodischen Wort »Dienen« umschreiben läßt. Damit wird ausgedrückt, daß das Unternehmenn häufig zum Sinngehalt des eigenen Lebens geworden ist, daß die Unterordnung des Eigeninteresses unter jenes der Firma ein Teil Lebenserfüllung wird.

Wenn in der puritanisch-kapitalistischen Ethik der Unternehmer sein Vermögen durch göttlichen Willen erhalten hat und er sich daher als dienender Verwalter betrachten muß, der verpflichtet ist, den Wohlstand zu mehreren (mit den Pfunden zu wuchern!), so ist – wie mir scheint – in unserer sehr viel stärker säkularisierten Wert davon soviel übriggeblieben, daß der Unternehmer seinem Unternehmen gegen-

über eine dienende Funktion hat.[11] An die Stelle des Eigeninteresses muß immer stärker das Unternehmensinteresse treten, dem die Arbeit und die innere Einstellung zu dienen hat. Diese Auffassung findet sich auch in Japan, also einem nichtchristlichen (puritanischen) Land. Die hier »zugrundeliegende Ethik der Zaibatsu-Stammfamilien war jedoch nicht ein Streben nach materiellem Reichtum des Einzelnen, da damals noch mehr als heute die Selbstaufgabe im Dienste der Gemeinschaft (messhi hoko) die vornehmste Pflicht des Japaners bedeutete.[12]«

Um Mißverständnissen vorzubeugen: Der Unternehmer verliert nicht etwa den Spaß am Geldverdienen, an Macht und Ansehen. Das bleibt bei ihm und seinen Nachfolgern erhalten und muß auch so sein. Aber er ordnet sich im Falle eines Konfliktes unter. Je mehr das Unternehmen und seine Lebensfähigkeit zur Lebens- und Sinnerfüllung des Unternehmers wird, gewinnt diese Einstellung an Gewicht. Sie rückt in der Werteskala ganz an die Spitze. Je nach Persönlichkeit gewinnt sie die Form einer religiösen Qualität.

d) Konflikte mit inaktiven Gesellschaftern

Es ist nötig, hier einen kurzen Blick auf die Entwicklung in den Familien zu werfen. Die Kinder in der dritten oder einer späteren Generation haben nur noch z. T. den Vater und sein Engagement für das Unternehmen erlebt: Das Zurückstellen privater Wünsche, wenn das Unternehmen es erforderte, das späte Nachhausekommen, das Verschieben oder Abbrechen von Ferien, die zuweilen sorgenvolle Atmosphäre im Hause oder deren Gegenteil. Vielleicht erleben sie auch noch Mitarbeiter im Gespräch mit ihrem Vater, aber je größer das Unter-

---

11 Vgl. Max Weber, »Soziologie, Weltgeschichtliche Analysen-Politik«. Alfred Kröner Verlag, Stuttgart 1956, S. 343f., 357ff.
12 Wolfgang Pape in Japaninfo Dossier, 5. Jahrgang, 1984, S. I.

nehmen geworden ist, umso mehr ist auch ein Kennenlernen des Unternehmens auf diese enge und natürliche Weise erschwert. Das Verhältnis ist unpersönlicher, abstrakter und schwieriger geworden.

Die Familie wendet sich vom Unternehmen allmählich ab. Manche sind bereit, ihre Beteiligung noch zu halten, sozusagen als stille Teilhaber unter Duldung des Familienunternehmens, andere aber wollen den geforderten Einkommensverzichten nicht mehr nachkommen. »Wenn aber Erben nur noch kassieren wollen, dann ist das Schicksal des Unternehmens meist schon besiegelt.[13]«

Schwiegersöhne und -töchter, die aus einem gänzlich anderen Milieu kommend zur Familie stoßen, fühlen sich nicht beengt durch Bindung, Tradition und dienende Haltung der Unternehmerfamilie. Sie wollen ihre eigenen Ziele verfolgen und bemühen sich auch nicht um ein Verständnis des Unternehmens. Die meisten Familiengesellschaften werden hiermit ihre leidvollen Erfahrungen gemacht haben.

Umgekehrt gibt es natürlich Schwiegersöhne und -töchter, die vielleicht aufgrund ähnlicher Strukturen im Elternhaus ein Empfinden für die Familiengesellschaft mitbringen oder entwickeln und die Verpflichtungen bejahend annehmen. Fremde also, die mit gutem Einfühlungsvermögen die in der Familie geförderte Haltung übernehmen und weitertragen.

Jedenfalls wird in der dritten und jeder weiteren Generation das Unternehmen einerseits zum Problem, andererseits kann es an Bedeutung für die Familie zunehmen. Je entfernter die Verwandtheitsgrade der einzelnen Familienmitglieder werden, umso mehr mag das Unternehmen zum gemeinsamen Nenner werden, zu einem Mittelpunkt, um den sich die Familie schart. In diesem Fall bleibt das Schicksal der Firma Gegenstand des gemeinsamen Interesses. Die Haltung gegenüber der Firma und die Verantwortung, die aus der Gesell-

---

13 Michael Jungblut in der ZEIT vom 26. März 1982.

schafterposition fließt, wird zwar bei den inaktiven Familienmitgliedern nicht mehr Lebensinhalt sein, aber doch partielle gemeinsame Sinngebung. Die Haltung gegenüber dem Unternehmen, auch wenn sie über die Generationen abgeschwächt und bei den einzelnen Familienmitgliedern in unterschiedlichem Maße vorhanden ist, bedeutet doch eine Gemeinsamkeit, die einen Konsensus über Wertvorstellungen voraussetzt.

Wenn also das Unternehmen in späteren Generationen sowohl etwas Verbindendes als auch etwas Auseinandertreibendes hat, so wirkt es für die Familie durchaus ambivalent. Es erzeugt einerseits Spannungen (dort, wo der Konsens abgelehnt wird) und stellt andererseits Mittelpunkt und verbindende Klammer dar.

Für die Kinder gleich welcher Generation hat das Unternehmen eine ähnlich zweiseitige Bedeutung. Es kann sowohl Bedrohung wie reizvolle Chance sein. Die reine Existenz des Unternehmens erschwert eine unbefangene Entwicklung der Kinder in Richtung auf den eigenen Lebensweg. Natürlich will der Vater, daß sein Sohn, sein Neffe nicht nur seine Einstellung zum Unternehmen teilt, sondern auch, daß er in dieses später eintritt. Diese Erwartungshaltung liegt wie ein unsichtbares Gewicht auf vielen Familien. Der Anspruch lautet: Die Kinder sollen tüchtig werden, um die Firma erfolgreich weiterführen zu können. So denken nicht nur der Gründer und seine Erben, sondern auch spätere Generationen.

Damit wird Druck auf junge Menschen ausgeübt, auf den sie unterschiedlich reagieren. Manche sehen darin eine Chance und eine Unterstützung der eigenen Wünsche, aber in anderen Fällen können die Erben dem Druck nicht standhalten und reagieren mit Anpassung oder Abwendung.

Die angepaßten Nachkommen sind meist nicht die geeigneten Nachfolger in der Unternehmensführung, weil es ihnen zwar nicht an Fleiß und Engagement, wohl aber an Führungskraft und innerer Selbständigkeit fehlt. Sind Kinder mit dem Ziel und der Erwartung aufgezogen worden, eines Tages in das Unternehmen einzutreten, und erfüllt sich diese Erwartung dann nicht, so ist ein Familienzwist vorprogrammiert, der die Firmenführung nicht unerheblich belasten kann.

Um dem Druck der Erwartungen auszuweichen, können sich Erben aber auch vom Unternehmen abwenden, ohne sich innerlich vom Milieu und der geistigen Einstellung des Elternhauses zu trennen. Ohne also ihre Anteile zu verkaufen, entscheiden sie sich für einen anderen Lebensweg (gleichgültig ob aus Neigung oder mangelnder Eignung für die Firmenführung). Sie akzeptieren aber weiterhin das Wertesystem ihrer Eltern, soweit es die Vorrangstellung des Firmeninteresses gegenüber dem eigenen Interesse betrifft.

Sie haben Vermögen geerbt, sehen die damit verbundene Verpflichtung dem Unternehmen gegenüber, können sie aber nicht vollkommen wahrnehmen, da sie nicht im Unternehmen, sondern außerhalb des Unternehmens stehen. Manche suchen sich nun ein anderes Ziel.

In vielen Fällen tritt eine interessante Übertragung ein. Neben oder an die Stelle des Firmeninteresses tritt ein Gemeinwohlgedanke.

Einige Erben empfinden den ererbten Firmenteil als unverdient und daher nicht als recht ihnen gehörend. Es wird der Wunsch ausgedrückt, den Anteil dem Unternehmen zur Verfügung zu stellen – etwa indem er in eine Stiftung eingebracht wird, so daß nunmehr der Anteil einerseits dem Unternehmen dient und andererseits gleichzeitig dem Gemeinwohl, weil etwaige Erträge karitativen, künstlerischen oder wissenschaftlichen Zwecken zugedacht sind.

Der Dienst am Gemeinwohl ermöglicht es nun, der mit der Erbschaft verbundenen Verpflichtung gerecht zu werden. Erben betätigen sich karitativ, fördern Geisteswissenschaften (Jan P. Reemtsma – Literatur) oder Kunst (Hermann F. Reemtsma stiftete seine Barlachsammlung; Robert Bosch jun. verließ mit 42 Jahren die Geschäftsführung, begann ein Studium der Sozialpsychiatrie und betätigt sich als Mäzen; seine Schwester arbeitet in der Robert-Bosch-Stiftung mit und beteiligt sich an einem Beratungszentrum für Drogensüchtige in München).

Was immer die Erben unter dem Interesse des Gemeinwesens oder Gemeinwohls verstehen mögen, häufig ist es für sie leichter faßbar als das Unternehmensinteresse, das ihnen von ihren Firmenführern erläutert wird und denen sie voll vertrauen müssen. Wirtschaftliche Zusammenhänge sind äußerst kompliziert und schwerer faßbar als idealistische Gedankengänge.

Die Erben wissen, daß Unternehmen wie Unternehmer ein gesundes Eigeninteresse haben müssen, um erfolgreich bestehen zu können. Sie stehen daher vor der Frage, wieweit Maßnahmen von ihnen mitgetragen werden können, die in ihren Augen nicht dem Gemeinwohl förderlich erscheinen, sondern hauptsächlich dem Interesse des Unternehmens dienen.

Entscheiden sie sich für das Gemeinwohl und wenden sich insoweit vom Unternehmen ab, werden sich Folgen über kurz oder lang für das Unternehmen einstellen.

So können aus kapitalistischen Erben sozialistische Idealisten werden, die die Priorität des Firmeninteresses nicht mehr anerkennen, aber an seine Stelle nicht ein Eigeninteresse, sondern jenes des Gemeinwohles setzen und auf diese Weise ebenfalls aus mangelndem Verständnis zum Niedergang des Unternehmens beitragen.

Ein Erbe kann sich aber auch vom ererbten Unternehmen aus dem gleichen Gefühl der Verpflichtung gegenüber der Gesellschaft (oder des schlechten Gewissens wegen seines Erbes) gänzlich abwenden. Eine Verpflichtung gegenüber dem Unternehmen empfindet er nicht mehr. Wie etwa Jan Phillip Reemtsma, der seinen Neigungen zur Literatur entsprechend, sich als Förderer diesem Gebiet etwa durch Unterstützung des Schriftstellers Arno Schmidt zuwandte. Das hätte er ausreichend aus den Erträgen seiner Beteiligung bei Reemtsma tun können. Er aber entschloß sich zur Veräußerung, um dem Druck und seiner Verantwortung, die aus seiner Mehrheitsbeteiligung auf ihn zukam, auszuweichen. Seine Hinwendung zur Literatur und Abwendung von der Firma sei für ihn Zuflucht und Flucht zugleich gewesen.[14] Für die Firma aber bedeutete dies das Ende als Familienunternehmen. Aus dem Veräußerungserlös gründete er 1981 die Arno Schmidt-Stiftung, kürzlich das »Hamburger Institut für Sozialforschung« (in Anlehnung an die »Frankfurter Schule«) und verpflichtete sich zur Finanzierung eines feministischen Archives und Dokumentationszentrums in Frankfurt. Namen wie Alice Schwarzer, Margarete Mitscherlich und Ernest Mandel verbinden sich mit diesen Aktivitäten.

Man mag sich darüber amüsieren, daß diese Kritiker unseres Wirtschaftssystems Unterstützungen, die aus eben diesem System stammen, anzunehmen bereit sind, daß der Erbe aber das von ihm nicht selbst erarbeitete Geld auf diese Weise ausgibt, wird ihm gerade von diesem Wirtschaftssystem nicht bestritten (dazu bedürfte es eben eines sozialistischen Gedankenansatzes!).

Daß andererseits auch Dienst am Unternehmen mit Dienst an der Allgemeinheit verbunden werden kann, zeigte schon die Familie Medici, die mit ererbtem Reichtum die geistige und künstlerische Blüte der Stadt Florenz schuf, ohne die Quelle dieses Reichtums, das Bankhaus und seine Beteiligungen sofort zu vernachlässigen (was erst zu einem späteren Zeitpunkt geschah).

In der dritten und allen folgenden Generationen gibt es indessen zwei Interessenkonflikte, die besonders häufig anzutreffen sind. Zum einen handelt es sich um die finanziellen Eigeninteressen der Gesellschafter und zum anderen um die Möglichkeit, auf das Unternehmen Einfluß auszuüben.

Häufig will ein Gesellschafter aus Gründen, die in seinem eigenen Bereich liegen, kurzfristig hohe finanzielle Mittel

---

14 Die ZEIT, Nr. 16, vom 13. April 1984, S. 41.

abziehen; der langfristige Blickwinkel ist für ihn ohne Bedeutung.

Im allgemeinen gilt, daß das Gesellschafterinteresse auf hohe Ausschüttung gerichtet ist, während das Unternehmensinteresse mehr auf Bildung von Eigenkapital und das Legen von stillen Reserven hinzielt.

Manche Gesellschafter möchten die Freiheit haben, ihre Anteile zu kündigen oder frei zu veräußern, während das Unternehmen durch jeden Kapitalabfluß, der bei einer Kündigung einträte, geschwächt wird.

Die zweite Ebene hat zu tun mit der Einflußnahme, die aus dem Kreise der Gesellschafter auf die Firma oder ihre Führung ausgeübt wird. Man denke beispielsweise an eine unsachgemäße Besetzung der Führungs- und Überwachungsgremien.

Aufsichtsräte oder Geschäftsführer (Beiräte und geschäftsführende Gesellschafter) könnten aus Gründen gewählt werden, die im emotionalen Bereich liegen, etwa weil sie besonders sympathisch oder das Gegenteil sind. In manchen Familiengesellschaften hat jeder Stamm der Familie das Recht, einen Abkömmling in die Geschäftsführung zu entsenden, und dies kann zu unqualifizierten Mitgliedern in der Firmenleitung führen. Dem Firmeninteresse widerspricht natürlich eine unqualifizierte Führung.

Da in der dritten Generation die Familie in der Regel schon recht verzweigt ist, kann man hierin typische Probleme der dritten und jeder weiteren Generation sehen.

Dieser Interessenkonflikt muß aufgelöst werden. Hierzu haben sich im Laufe der Zeit Lösungsmöglichkeiten entwickelt, von denen nun einige betrachtet werden sollen.

e) Lösungsmöglichkeiten

Ein Weg, diesem Konflikt zu entgehen, besteht darin, nunmehr das Unternehmen in eine Aktiengesellschaft umzuwandeln, deren Anteile an der Börse handelbar sind. Dann können die verschiedenen Erben nach eigenem Gutdünken entscheiden, ob sie Anteile behalten oder ob sie es vorziehen, ihre Beteiligung zu veräußern, um mit dem Erlös andere Wege zu gehen.

Die Umwandlung der Familiengesellschaft in eine anonyme Gesellschaft wird aus diesem Grund in der dritten Generation zum ersten Mal intensiv diskutiert. Die Umwandlung aus anderen Gründen, etwa weil die eigene Kapitalbasis nicht ausreicht, das Wachstum zu finanzieren, kann unabhängig davon in jeder Generation überlegt werden.

In diesem Fall ist der Zielkonflikt zwischen Familienunternehmen und Familienmitgliedern zugunsten des Familienmitgliedes aufgelöst worden. Nach dem Motto: Das Einzelinteresse geht dem Firmeninteresse vor.

Wenn aber die Firma nicht zur anonymen Gesellschaft werden soll, welche anderen Möglichkeiten gibt es? Die Praxis bietet zwei Lösungsmöglichkeiten an: Entweder die Familiengesellschaft wird zu einem Zwangsverband, oder die Anteile werden entpersönlicht, sie werden etwa in eine Stiftung eingebracht, die nunmehr an die Stelle von allen oder einzelnen Gesellschaften tritt.

Betrachten wir die erste Möglichkeit:
Zwangsverband der Familie heißt, der Gesellschaftsvertrag ist so gestaltet, daß er die Mitglieder der dritten und späteren Generationen zwangsweise an die Gesellschaft fesselt. Die Familienmitglieder werden im Vertrag so gebunden, daß sie ihre Anteile kaum kündigen oder veräußern können.

Das geschieht so: Bei Personengesellschaften, bei denen ein Kündigungsrecht vertraglich nicht ausgeschlossen werden kann, wird diese Kündigung durch lange Kündigungsfristen erschwert und durch einen Auszahlungskurs, der so niedrig liegt, daß eine Kündigung wenig attraktiv erscheint.

Bei beiden Gesellschaftsformen wird außerdem die Veräußerung von Anteilen an Außenstehende durch eine Angebotspflicht an die übrigen Gesellschafter und/oder die Gesellschaft zu einem ebenfalls möglichst niedrigen Preis erschwert.[15]

Zuweilen findet sich auch eine Regelung, wonach ein Nachkomme, in der Regel der älteste Sohn, in die Firma eintreten und alle Anteile erwerben kann. Die Geschwister haben zu verzichten oder werden zu einem relativ geringen Preis ausbezahlt. Eine Regelung, wie sie der Adel auf seinen Besitzungen seit langem ausübt, und die im alten Landrecht seinen Ausdruck findet: »Der Bauer ist nichts, der Hof ist alles.«

Die zweite Möglichkeit besteht in der Entäußerung der Anteile. Diese können auf eine Stiftung – gleichgültig, ob es sich um eine Familienstiftung oder um eine gemeinnützige Stiftung handelt – oder eine ähnliche Rechtsfigur übertragen werden.

Die Gesellschafter verzichten auf Eigentumsrechte. Die Firma soll nicht in »fremde Hände« übergehen, sondern der Stiftung, und das heißt in vielen Fällen sich selbst gehören. Der Gedanke, der dahintersteht, ist die Vorstellung von der Selbständigkeit der Firma, ihrer Unabhängigkeit von finanziellen Wünschen nachfolgender Generationen (Bosch-Stiftung, Thyssen-Stiftung, Schickedanz). In beiden Fällen wird der Interessenkonflikt zulasten des Gesellschafters entschieden. Das Interesse der Firma hat Vorrang, ist die gemeinhin übliche Begründung.

Im Falle der Robert-Bosch-Stiftung hält diese gemeinnützige GmbH ca. 90% der Anteile an der aktiven Robert-Bosch-GmbH. Sie erhält die ausgezahlten Dividenden und verwendet sie gemäß den Satzungszielen, die Robert Bosch niedergelegt hat. Weiteren Einfluß hat die Stiftung nicht, sie hat die mit den Gesellschaftsanteilen verbundenen Stimmrechte auf eine dritte Gesellschaft übertragen. Diese Gesellschaft besitzt zwar weniger als 1% der Anteile, verfügt aber über 90% der

---

15 Vgl. Kurt Pentzlin, »Die Zukunft des Familienunternehmens«. Econ Verlag GmbH, Düsseldorf 1976, S. 37 ff.

Stimmrechte. Bei ihr liegt die eigentliche Einflußnahme auf die Firma. Man hat Eigentum und Verfügungsmacht gespalten und zwei verschiedenen Gesellschaften zugeordnet. Wer übt nun die Gesellschaftsrechte aus? Wer steht hinter der kleinen, aber mächtigen KG? Der Gesellschafterkreis besteht aus zwei Geschäftsführern der Robert-Bosch GmbH als Komplementären und sechs Kommanditisten, die ursprünglich von Robert Bosch ausgesucht wurden als Männer mit hoher wirtschaftlicher Erfahrung, unabhängigem Urteilsvermögen und persönlicher Integrität. Soweit ein Mitglied ausfällt, wählt das Gremium im Wege der Kooptation selber einen Nachfolger gemäß den von Robert Bosch aufgestellten Kriterien.

Der Gedanke des Gründers war, die Gesellschaftsrechte auf ein Gremium qualifizierter Männer zu übertragen, die nicht aus der Familie kommen müssen. Entscheidend sei ihre Qualifikation, und zwar nicht irgendeine Qualifikation, sondern jene, die befähigt, die Interessen und Probleme der Gesellschaft wirtschaftlich (und menschlich) vernünftig zu lösen. Interessant ist auch, daß diesem – Gesellschafterrechte ausübenden – Gremium zwei Vertreter der Geschäftsführung in führender Position angehören. Damit soll sichergestellt werden, daß dem Gremium genaue Kenntnisse der Verhältnisse der Firma zugänglich sind. Gleichzeitig erfolgt aber auch eine hohe Macht- und Entscheidungszusammenballung in den Personen dieser Geschäftsführer.

Es bieten sich Parallelen zum anglo-amerikanischen Board-System an, in dem sowohl die Vertreter der Anteilseigner als auch die Firmenführung zusammengefaßt sind (Die Firma Robert-Bosch GmbH hat auch einen Aufsichtsrat, aber bei der geschilderten Regelung werden die Gesellschafterrechte weniger durch den Aufsichtsrat als durch die geschilderte Konstruktion ausgeübt.).

Zum anderen wird versucht, das Unternehmen so weit als möglich unabhängig zu machen von Einflüssen, die nicht im Interesse des Unternehmens liegen.

Robert Bosch sen. hat den latenten Interessengegensatz zwischen Gesellschaft und Gesellschaftern zu seiner Zeit klar erkannt und ihn auf seine Weise für die Zukunft zu lösen gesucht.

Natürlich gibt es auch Zwischenlösungen, indem manche Familiengesellschaften fremdes Management in die Firmenleitung holen je nach Gesellschaftsform als Vorstand, Geschäftsführer, aber auch als Gesellschafter etwa Komplementär einer KG oder KGaA, die später wieder ausscheiden und so die Fortführung des Unternehmens unter Familienleitung ermöglichen (so etwa die Firmen Henkel, Freudenberg, Vorwerk & Co.).

Andere wiederum schließen die Teilnahme von Familienmitgliedern an der aktiven Unternehmensführung gänzlich aus und überlassen diese familienfremden Managern. Die Familie behält ihren Einfluß über das Kontrollorgan Aufsichtsrat oder Beirat. So verfolgt beispielsweise die Familie Haniel den Grundsatz, daß keiner der 230 Gesellschafter ins aktive Management eingreift.[16]

Einen weiteren interessanten Weg schlägt J. Krahnen vor. Für größere mittlere Unternehmen empfiehlt er – falls keine geeigneten Erben vorhanden – das Splitten der Gesellschaft in eine Grundstücksgesellschaft (ausschließlich für die Familie) und eine Betriebsgesellschaft, in die auch leitende Mitarbeiter aufgenommen werden können. Die Grundstücksgesellschaft bleibt Personengesellschaft, während die Betriebsgesellschaft möglichst in der Form einer AG geführt werden solle. Sie kann alle Vorteile dieser Gesellschaftsform wahrnehmen (z. B. Zugang zum Kapitalmarkt), bliebe aber je nach Zahl der Mitarbeiter von einer Mitbestimmung im Aufsichtsrat befreit.[17]

In letzter Zeit sind eine ganze Reihe von Familiengesellschaften an die Börse gegangen, um fremdes neues Kapital

---

16 Wirtschaftswoche, 38. Jahrgang, Nr. 5 vom 27.1.1984, S. 90.
17 Schreiben vom 10. 11. 1983 an den Verfasser.

(und Gesellschafter) aufzunehmen, aber gleichwohl Familiengesellschaft zu bleiben (Draeger AG, Mauser AG, Porsche AG, Nixdorf AG, Kugelfischer AG, Zanders AG, Aigner AG usw.).

Der Gedanke besteht darin, die Mehrheit der Anteile oder doch zumindest die Stimmrechtsmehrheit zu halten, aber zusätzliche Mittel von fremden Kapitalgebern aufzunehmen, ohne diesen einen Einfluß auf das Unternehmen einräumen zu müssen.

Die Gründe hierfür sind verschieden. Einige sahen sich dazu gezwungen, um Familienprobleme zu lösen, etwa um das Ausscheiden von Gesellschaftern zu finanzieren. Andere sahen darin einen naheliegenden Weg, um die eigene, stürmische Expansion zu finanzieren (Nixdorf), wieder andere standen unter dem Druck ihrer Banken, die einen Abbau der Schuldenlast anstrebten (wobei offenbleibt, weshalb Fremdkapital leichter zu bedienen sein soll als Darlehen. Wenn die Rendite nicht für Zinszahlungen gesichert erscheint, wie soll sie es dann für Risikokapital sein?)

Jedenfalls scheinen viele Börseneinführungen aus der Sicht der Spekulanten zu einem Schlag ins Wasser geworden zu sein.[18] Schließlich werden auch manche Familiengesellschaften hierin eine Chance gesehen haben, einen Teil ihres Vermögens zu verflüssigen und anderweitig ggfs. im Ausland anzulegen.

In jedem Fall war und ist die Voraussetzung für diesen Schritt die Umwandlung des Unternehmens in eine Aktiengesellschaft. Das hört sich einfach an, ist aber ein bedeutsamer Schritt, der vorher genau abgewogen werden sollte. Wenn er zusammen mit der Börseneinführung gesehen wird, ist er fast zwangsläufig ein erster Schritt aus dem Familienunternehmen heraus.

Das Aktiengesetz schreibt eine Reihe von Formerfordernis-

---

18 Die ZEIT, Nr. 40, vom 28. September 1984, S. 30; 17 von 27 Emissionen des Jahres 1983 notieren in der Nähe oder unter dem Emissionskurs (FAZ vom 3. Dezember 1984, S. 18).

sen vor, die den Personengesellschaften völlig und der GmbH zum Teil fremd sind. So etwa die klar definierten Kontroll- und Mitentscheidungsrechte des Aufsichtsrates, der mitbestimmt ist, also Arbeitnehmervertreter aufweist, und in größeren Gesellschaften paritätisch besetzt ist. Hierbei hat man es nicht nur mit Mitarbeitern aus dem Betrieb zu tun, sondern auch mit Gewerkschaftsvertretern, die den Betrieb und seine Menschen weniger als die politischen Zielsetzungen der Gewerkschaften kennen. Von der Unternehmensführung werden ganz neue Fähigkeiten verlangt: Sie muß sich einem formalisierten Entscheidungsprozeß in allen Grundentscheidungen anpassen, sie muß Interessenausgleich, auch politischen Interessenausgleich, im Unternehmen betreiben, sie muß sich verschärften Publizitätspflichten unterziehen und neuer, oft ungewohnter Form, Rechenschaft nach außen abzulegen. Die Pflicht zu größerer Transparenz gegenüber der Öffentlichkeit wird eingefangen durch den Wunsch, ein gleichbleibendes, günstiges Bild des Unternehmens in Bilanz und GuV-Rechnung darzustellen. Schließlich sind noch steuerliche Nachteile bei der Gesellschafts-, Grunderwerbs- und Vermögenssteuer zu erwähnen.[19]

Das Unternehmen verliert so an Flexibilität und rascher Entscheidungsfindung, andererseits erhält es dafür eine stärkere Kontrolle durch Aufsichtsrat, Mitarbeiter und Öffentlichkeit. Diese Instanzen übernehmen einen Teil der ursprünglichen Verantwortung der Familiengesellschafter. Sie schieben sich gleichsam zwischen sie und das Unternehmen.

Ein weiterer positiver Aspekt besteht in der relativ einfachen Beteiligung von Mitarbeitern am Kapital und damit an der Substanz des Unternehmens. Gerade Familienunternehmen könnte eine solche Beteiligung am Herzen liegen. Sie ist bei einer Börsen-AG einfach einzuführen. Die Mitarbeiter können ihre einmal erworbenen Aktien jederzeit an der Börse

---

19 Fred Zeyer in FAZ vom 3. Dezember 1984, S. 18.

wieder veräußern. Alle anderen Gesellschaftsformen haben hier große Schwierigkeiten.

Wird der Gang an die Börse gewagt, gibt es in der Regel zukünftig zwei Arten von Aktionären: jene, die ihre Aktien jederzeit frei veräußern können, und jene, die im Familienverband an das Unternehmen gekettet bleiben. Hier steht zu erwarten, daß jene Familienmitglieder, die aus der Beteiligung herausstreben, dies mit dem Hinweis auf die fremden Aktionäre und der Forderung nach Gleichberechtigung verstärkt tun werden. Diesen Wunsch, auf Dauer mit dem Hinweis auf den Vertrag abzuwehren, wird schwierig und häufig nicht durchhaltbar sein. Nicht zuletzt deshalb, weil mit der Aufnahme fremder Gesellschafter die Einheit von Familie und Unternehmen aufgeweicht wurde.

Als Beispiel sei hier etwa die Porsche AG angeführt.

Daß bereits die Rechtsform des Unternehmens Veräußerungswünsche begünstigt, hat diese Familie erfahren, als sie den 1/9 Anteil von Ernst Piëch für 98,5 Mio DM aufgrund eines Vorkaufsrechtes übernehmen mußte, um die Veräußerung an Dritte zu verhindern. Bei der Höhe des Verkaufspreises war es nicht verwunderlich, daß auch andere Gesellschafter Verkaufsabsichten äußerten.

Um einen Ausweg aus dem Dilemma zu finden, entschloß sich die Familie zum Gang an die Börse. Das Stammkapital wurde auf 70 Mio DM erhöht und zur Hälfte in stimmberechtigte Stammaktien und stimmrechtslose Vorzugsaktien aufgeteilt. Erstere blieben voll bei der Familie und damit die Stimmrechte, und von den 35 Mio DM Vorzugsaktien wurden 21 Mio DM an die Börse gegeben. Die Familienmitglieder erhielten durch diese Verkaufsmöglichkeit (Einführungskurs 780%) Bargeld und dies mag ihre Verkaufsabsichten zumindest für eine Weile gedämpft haben.

Freilich erweist sich hier, wie schwierig es ist, eine solche Entwicklung aufzuhalten. Gerade der glänzende Geschäftserfolg der letzten Jahre soll die von der Macht ferngehaltenen Familienmitglieder begehrlich gemacht haben, ihre Anteile

nun auf der Höhe des Firmenerfolges zu veräußern. Ob das eingebaute Verkaufsrecht und gewisse Stimmbeschränkungen sich als dauerhafte Schranken erweisen, darf bezweifelt werden.

Denn, wenn Familienoberhaupt Ferry Porsche, der seine Hauptaufgabe darin sieht, »das Unternehmen so selbständig wie möglich zu halten«[20], nicht genügend Geld auftreibt, das Vorkaufsrecht auszuüben, so kann er nur noch den »Partner aussuchen, der zu uns paßt«.[21]

Gelingt ihm ersteres, so bliebe Porsche Familiengesellschaft, getragen durch eine neue Rumpffamilie. Gelingt es nicht und lassen sich zukünftige Verkaufsabsichten anderer Gesellschafter nicht anderweitig stoppen, wird sich auch dieses renommierte Familienunternehmen allmählich in eine anonyme Gesellschaft umwandeln.

Für den Rahmen dieser Arbeit genügte es, einige, wenn auch wesentliche Lösungsmöglichkeiten der zu erwartenden Konflikte zwischen dem Unternehmen und seinen Gesellschaftern aufzuzeigen.

---

20 Capital, Mai 1984, Nr. 5/84, S. 15.
21 Ebenda, S. 16.

III. Warum Familienunternehmen? Pro und Contra

Die Frage nach der Berechtigung von Familienunternehmen zu stellen bedeutet, die Frage nach der Privatwirtschaft insgesamt aufzuwerfen. Ob Familienunternehmen oder anonyme Gesellschaft, beide sind Erscheinungsformen einer Wirtschaftsordnung, in der privates Eigentum an den Produktionsmitteln gegeben ist. Beide Erscheinungsformen konkurrieren auf dem Markt gegeneinander und erfüllen ihre Aufgaben und Funktionen unabhängig davon, ob sie nun Publikumsgesellschaft oder Familienunternehmen sind.

Dennoch richten sich die Augen der Öffentlichkeit seit einiger Zeit in steigendem Maße auf Privatunternehmen, besonders Familienunternehmen. Warum?

Die Wirtschaftsordnung ist Teil des Wertesystems westlicher Gesellschaften. Veränderungen in den Werten schlagen sich auch in der Wirtschaftsordnung nieder. Dies wird beispielsweise deutlich in der Entwicklung von »Marktwirtschaft« zur »sozialen Marktwirtschaft«.

Ein paar Gedanken hierzu sollen ausgeführt werden, um den Stellenwert des Familienunternehmens in der Gegenwart zu skizzieren.

1. Der Wandel des geistigen Umfeldes

Es ist u. a. von Max Weber[22] dargelegt worden, wie stark in den klassischen Gründerjahren der protestantische Puritanismus in England und den Niederlanden auf die Unternehmer, ihre Familien und das soziale Umfeld eingewirkt haben. Aus ihm erwuchs die Überzeugung, daß der Unternehmer gleichsam von Gott eingesetzt und seine erfolgreiche Tätigkeit gottgefällig sei. Seine Verantwortung vor Gott zur aktiven Tätigkeit formte das Milieu und umfaßte die gesamte Familie. Viele Unternehmerfrauen haben sich um die Kranken und Schwachen in den Familien der Mitarbeiter gekümmert, aber auch um das Gemeinwohl. Krankenhäuser und Altenheime entstanden auf diese Weise ebenso wie Schulen oder Unterstützungsorganisationen für Arbeitslose oder andere Schwache in der Gesellschaft.

Diese soziale Funktion ist im Laufe des Jahrhunderts mehr und mehr vom Staat übernommen worden, der einen steigenden sozialen Schutz seinen Bürgern einrichten konnte. Die Möglichkeit der Unternehmer, im sozialen Bereich für ihre Mitarbeiter zu wirken, etwa durch betriebliche Altersversorgung, Krankenbeihilfe etc. sind heute weitgehend entfallen.

Es kann nicht zweifelhaft sein, daß nach dem 2. Weltkrieg der Einfluß der Religion, besonders der protestantischen Konfession, in unserer Gesellschaft abgenommen hat.[23] Kein Familienunternehmer wird heute noch seine Hände über dem Hauptbuch falten und das gute Ergebnis mit dem Satz kom-

---

22 Max Weber, a. a. O., S. 343 f., 357 ff.; ders., »Die protestantische Ethik und der »Geist« des Kapitalismus I, II«, Archiv für Sozialwissenschaft und Sozialpolitik, 20. Bd. 1905, S. 1–54; 21. Bd. 1905; S. 1–110 sowie die folgenden Aufsätze 25. Bd. 1907, S. 243 f. und 1908 Bd. 26, S. 275 ff.; »Die protestantische Ethik I, II«. Gütersloher Verlagshaus Mohn, Gütersloh 1981, S. 116, 191, 165 ff.; Helge Pross, »Der Geist der Unternehmer«. Claassen Verlag GmbH, Düsseldorf 1983, S. 76 ff.
23 Erich Preiser, »Die Zukunft unserer Wirtschaftsordnung«. Verlag Vandenhoeck & Ruprecht, Göttingen 1955, S. 5.

mentieren: »Und wieder hat uns der Herr reichlich und sichtbar gesegnet.«

Reich zu sein ist heute nicht mehr Ausdruck göttlichen Segens; ja, es ist zu einem zweifelhaften Wert geworden, und gleiches gilt für das Reichwerden. Unsere Wertsysteme haben sich unter dem Einfluß sozialistischer Vorstellungen verschoben. Reichtum und Reichwerden sehen sich auf dem Hintergrund der Forderung nach mehr Gleichheit und Gerechtigkeit hinterfragt. Es verbindet sich damit ein gesellschaftlicher Vorwurf und u. U. so etwas wie ein schlechtes Gewissen bei sensiblen Erben. Besonders die Forderung nach mehr Gleichheit in der Gesellschaft hat tiefgreifende Folgerungen für die Wirtschaft mit sich gebracht. Unter der Diktatur des Nationalsozialismus wuchs die Sehnsucht nach Freiräumen. Die Freiheit erhielt einen hohen Stellenwert, der in den Nachkriegsjahren ausgelebt wurde. Dann aber trat ein allmählicher Wandel ein.

Die kapitalistische Wirtschaft blühte in einem Raum, in dem man von der Ungleichheit der Menschen als einer natürlichen Gegebenheit ausging. Dem Begabten, dem Tüchtigen standen genügend Freiheitsräume zu seiner Entfaltung zur Verfügung. Seine Leistung und seine Bereitschaft zum Risiko wurde durch entsprechende Gewinnmöglichkeiten belohnt. Die Gesellschaft achtete ihre Leistungsträger. Es bildeten sich auf verschiedenen Gebieten Leistungseliten. Natürlich brachte eine solche Gesellschaft viel Ungleichheit mit sich, die in zunehmendem Maße als ungerecht empfunden wurde. Zunächst forderte man mehr Chancengleichheit für alle Bürger, was ganz im Sinne der Wirtschaft und ihrer Leistungsbezogenheit lag. Dann aber glitt die Forderung in jene nach Gleichheit schlechthin hinüber. Der Stolz auf die Tüchtigen wandelte sich in Neid[24] auf die Leistungsträger um mit den vielfältig sichtbaren Versuchen der Angleichung, d. h. der

---

24 Vgl. auch Helmut Schoeck, »Der Neid. Die Urgeschichte des Bösen«. F. A. Herbig Verlagsbuchhandlung, München 1980.

Nivellierung. Da man aber nur nach unten nivellieren kann, weil weder in der Schule noch im Berufsleben der Leistungsschwache oder Unbegabte auf das Niveau seines glücklicher veranlagten Altersgenossen hinaufgebracht werden kann, führte das zu einer vielfach zu beobachtenden Abnahme der Leistungsbereitschaft und damit der Eliten in unserer Gesellschaft. Andere Werte wie Familie, Umwelt, Frieden, Entfaltung der Persönlichkeit nach innen etc. entwickelten sich. Der Staat aber breitete sich immer weiter aus und drang in immer weitere Bereiche des Lebens vor. »Rahmenbedingungen« wurden in Form einer wahren Gesetzesflut erlassen, und so blieben dem Bürger (nicht nur im Bereich der Wirtschaft) immer kleinere Freiräume zur Betätigung. Je mehr der Staat eingreift, umso unübersichtlicher und übermächtiger erscheint er. Das überträgt sich auf Wirtschaftsunternehmen, Universitäten, Krankenhäuser etc., die zu immer stärkerer Bürokratisierung gezwungen werden und dadurch an Menschlichkeit und Verständlichkeit verlieren. Was Wunder, daß junge Menschen zum Teil hilflos und mit Angst reagieren und sich von diesem Staat (und seiner Wirtschaft) abwenden.

Ausdruck findet dieser Wertewandel auch in der Gesetzgebung und den Tarifverträgen. Die Einkommen der Arbeitnehmer und Beamten werden quer durch die Gesellschaft tendenziell nivelliert und Gewinne durch hohe Steuern und jährlich wachsende Soziallasten immer stärker belastet.

Sozialistische Vorstellungen haben Religion und Philosophie beeinflußt. Marcuse hat das Bild des Schreckens einer durch die Technik beherrschten und versklavten Menschheit gemalt.[25] Er hätte den Erfolg nicht haben können mit seinen Ideen, wenn er nicht Befürchtungen artikuliert hätte, die bereits latent vorhanden waren.

Unter der rasanten Entwicklung der Naturwissenschaften

---

25 Vgl. Jürgen Habermas, »Antworten auf Herbert Marcuse«. Suhrkamp Verlag, Frankfurt 1969, S. 13 ff.; Fritz Haug, ebenda, S. 50 ff.

und der Technik schien die zeitgenössische Philosophie wie gelähmt. Sie erstarrte in Technikfeindlichkeit, verstrickte sich in semantische Spitzfindigkeiten oder verbarrikadierte sich in einem unzugänglichen Elfenbeintum aus Sprache, ohne den Zeitgenossen Erklärung und Sinngebung ihres Lebens anbieten zu können.

Nach dem Existenzialismus hat es keine breite Schule der Philosophie im Westen mehr gegeben. Es ist, als erwarte man von den Naturwissenschaften den entscheidenden – weil kompetenten – Anstoß. *Karl Jaspers*, Philosoph mit naturwissenschaftlicher Ausbildung, hat dies schon 1948 artikuliert.[26]

Auch die Kirchen, besonders die protestantischen Kirchen, zeigen bemerkenswerte Entwicklungen. Sie sind stärker in den politischen Bereich eingetreten und artikulieren sich ebenfalls kritisch gegenüber Technik und Industrie. Ein Grund mag darin liegen, daß die Naturwissenschaften heute scheinbar Antworten liefern, die früher von der Religion gegeben wurden, und somit der Glaube an die Allwissenheit der Naturwissenschaften an die Stelle der Religion getreten ist.

Besonders in Südamerika, das noch stark kapitalistisch geprägt ist, wurde die fehlende Gleichheit der Menschen von Teilen der katholischen Kirche schmerzlich empfunden. Sie fühlten sich zum Handeln aufgerufen und versuchten, ihr politisches Handeln auch theologisch zu begründen. Am extremsten sicherlich in der »Theologie der Revolution« des Nordamerikaners Richard Shaull[27], der den Gedanken der göttlichen Nähe in der Veränderung, besonders in der politischen Veränderung, darlegt, und damit die Revolution als ein Teil der göttlichen Erscheinung und der göttlichen Ordnung

---

26 »Philosophie und Wissenschaft«. Artemis Verlags-AG, Zürich 1948; Ähnliches findet sich bei: Carl Friedrich von Weizsäcker, »Die Einheit der Natur«. C. Hanser Verlag, München 1982; ders., »Gedanken über unsere Zukunft«. Verlag Vandenhoeck & Ruprecht, Göttingen 1966, und neuerdings H. Pietschmann, »Das Ende des naturwissenschaftlichen Zeitalters«. Paul Zsolnay Verlag 1980.
27 T. E. Rentdorf/H. E. Tött, »Theologie der Revolution, Analysen und Materialien«. Suhrkamp Verlag, Frankfurt 1969, S. 15 ff.

ansieht. Ein Gedanke, der ihn u. a. mit dem Griechen Heraklit, aber auch mit seinem Zeitgenossen Mao Tse-tung verbindet, der in der »permanenten Revolution« ein Weltgesetz sah zur immer wieder revolutionären Erneuerung der Gesellschaft.

Aber auch die Theologie der Befreiung, von der in Südamerika heute viel die Rede ist und die etwa vom Franziskanerpater Boff vor der Glaubenskongregation in Rom vertreten wurde, mag sich zwar von der Anwendung von Gewalt abgewandt haben, bestreitet aber nicht, auf der Grundlage marxistischer Gesellschaftskritik die Veränderung der politischen Zustände zu suchen.[28]

2. Die Sicht der Öffentlichkeit

a) Kritik am Familienunternehmen

So bildete sich in der westlichen Gesellschaft ein kritisches, wenn nicht gar industriefeindliches Bild heraus. Auf diesem Hintergrund dokumentieren Familienunternehmen Ungleichheit in der Gesellschaft und bilden somit ein Stück Ungerechtigkeit. Zwar wird in unserer Gesellschaft dem Gründungsunternehmer, der aufgrund seiner eigenen Tüchtigkeit reich geworden ist, dieser Reichtum noch gegönnt, das aber ändert sich, wenn seine Kinder von ihm Vermögen erben und somit die Gleichstellung mit anderen, ärmeren Kindern beeinträchtigt ist. Möglicherweise wird noch akzeptiert, daß es zur Sinngebung des Tüchtigen gehört, daß er die Früchte des Erfolges auf seine Kinder übertragen kann und insoweit werden die Erben der zweiten Generation noch toleriert. Dieser Gedanke entfällt jedoch bei allen folgenden Generationen,

---

28 Andere Vertreter sind Paolo Freires, G. Gutiérrez; vgl. auch FAZ vom 4. September 1984, S. 7.

weil hier die Väter das Vermögen nicht mehr selbst geschaffen haben.

Mit dem Vermögen erben die Kinder auch Macht, weil mit jeder Unternehmensführung ein gewisser Machtspielraum verbunden ist. In den Augen vieler Gesellschaftskritiker ist aber eine Erbschaft keine ausreichende Legitimation für die Ausübung von Macht (im übrigen auch in den Augen vieler Familiengesellschafter!). Dem Gedanken einer nicht legitimierten Machtausübung folgt selbstverständlich jener des Machtmißbrauchs, weil ein Mißbrauch von Macht auch von jenen verurteilt wird, die nicht in jedem Fall eine demokratische Legitimation von Macht für notwendig halten.

Dem Gedanken des Machtmißbrauchs ist die Vorstellung der Ausbeutung nahe verwandt, wenn auch nicht deckungsgleich. Die Ausbeutung der Arbeiter durch den Unternehmer ist ein Bild des 19. Jahrhunderts, das heute in der westlichen Industriegesellschaft den wahren Verhältnissen nicht mehr entspricht. Zwar wird es von manchen Gewerkschaften nach wie vor beschworen, aber es dient in Wahrheit weniger der Beschreibung von Wirklichkeit als der Aufrechterhaltung einer Basis für den behaupteten, auch heute noch andauernden »Klassenkampf«. Zu dieser Form des »Klassenkampfes« gehören als Darsteller »Ausbeuter« und »Ausgebeutete«, also Unternehmer und Arbeitnehmer, wobei unklar bleibt, was man heute noch unter Ausbeutung zu verstehen hat.

Wenn man die Zahl aller selbständigen (die zuerst gemeint sein müssen, weil sie die Früchte der Ausbeutung über ihre Kapitalbeteiligung genießen) und angestellten Unternehmer zur Zahl der Arbeitnehmer ins Verhältnis setzt, wird die Unsinnigkeit der Behauptung deutlich. In unserer Demokratie stehen ca. 23 Millionen Arbeitnehmer ein paar Tausend Unternehmern gegenüber. Die erdrückende politische Mehrheit der Arbeitnehmer könnte mit parlamentarischen Mitteln jeden Streitpunkt für sich entscheiden. Die Vorstellung von einem fortgesetzten Klassenkampf ist daher im Angesicht der wirklichen Verhältnisse ebensowenig überzeugend wie die

Vorstellung, daß Arbeitnehmer bei der heute im politischen Leben sichtbaren Macht der Gewerkschaften noch »ausgebeutet« werden können.

Bleibt also der Einwand, daß Familienunternehmen in den Augen der Öffentlichkeit ein Element der Ungleichheit und der Ungerechtigkeit in der Gesellschaft darstellen. Diese Kritik ist im Kern berechtigt, muß aber, wie ich meine, hingenommen werden, wenn man Marktwirtschaft und freie Entscheidungsräume nicht abschaffen will. Eine gleiche und gerechte Gesellschaft kann es nie geben, weil die Menschen Individuen und damit ungleich sind. Eine »fast« gleiche Gesellschaft würde Zwang und fehlende Individualfreiheit bedeuten. Zwischen den beiden Polen Gerechtigkeit und Gleichheit einerseits und der Freiheit der Person andererseits hat die soziale Marktwirtschaft eine ausgleichende Mittelposition bezogen, die keines der beiden Ideale voll verwirklicht. Ihre hohe Leistungsfähigkeit kommt aber der ganzen Gesellschaft zugute. Die Marktwirtschaft basiert auf der Einzelinitiative. Sie läßt immer wieder neue, kleine Unternehmen entstehen – Familienunternehmen. Die damit verbundene Ungleichheit und Ungerechtigkeit kann besonders dann hingenommen werden, wenn Chancengleichheit in breitem Maße den Bürgern die Möglichkeit eröffnet, sich ebenfalls selbständig zu machen und ein Familienunternehmen (etwa im Bereich des Handwerks, der Dienstleistung, des Handels etc.) zu gründen.

Es kommt freilich ein zweiter Aspekt hinzu. Mit der Erbschaft eines Unternehmens oder eines Teiles davon ist nicht nur Ungleichheit bei der Verteilung von Vermögen verbunden, sondern an dem Vermögen hängt zusätzlich Macht. Das unterscheidet den Unternehmenserben von jedem anderen Erben, der »nur« Vermögen erhält. Deshalb auch das besonders kritische Auge der Öffentlichkeit. Mit der Macht sind Rechte verbunden, etwa Stimmrechte in der Gesellschafterversammlung, die Einfluß auf das Unternehmen und damit auf Menschen inner- und außerhalb des Unternehmens neh-

men können. Diese Rechte sind nur dann legitimierbar, wenn ihnen entsprechende Pflichten gegenüberstehen; d. h. wenn verstanden wird, daß sie die Pflicht zu ihrer verantwortungsbewußten Ausübung in sich tragen.

Wir können hier zurückgreifen auf die Diskussion über den Gegensatz Firmeninteresse – Gesellschafterinteresse und den Begriff des Dienens. Wirtschaftlich ererbte Macht ist dann als sinnvoll zu akzeptieren, wenn in ihr die Priorität des Firmeninteresses und die Bereitschaft zum Dienst am Unternehmen enthalten ist.

Ein anderer Punkt in der Kritik der Öffentlichkeit ist das Bild vom egoistisch gewinnorientierten Unternehmer.

Unterhalten wir uns daher kurz über Wert und Unwert des Gewinnstrebens.

Ich gehe von der These aus, daß in der Tat zunächst die zentrale Einstellung des Gründungsunternehmers sein Erfolgs- und Gewinnstreben ist. Aus ihm fließt die beträchtliche, dynamische Kraft, die Fähigkeit und Kreativität, die er zur Verwirklichung seiner Ziele braucht. Dieses Gewinnstreben ist seiner Natur nach eigennützig, wenngleich auch die Verfolgung egoistischer Ziele zugleich eine ganze Menge persönlichen Verzichtes beinhalten kann. Auf dem Weg muß er von sich selbst viel verlangen: Opfer an Zeit (Freizeit), an Kraft, an Hinwendung zu seiner Familie. Häufig verzichtet er auf ein angenehmes Leben und muß ein gerüttet' Maß an Demütigungen, Enttäuschungen und Niederlagen einstekken. All' dies ist er bereit einzusetzen, weil der Erfolg ihm ausreichend Kompensation für den dornenvollen Weg verspricht. Der Erfolg bringt ihm Anerkennung, Macht, Reichtum, Selbstbestätigung etc. All' dies sind Begriffe, die man unter der Überschrift »Eigennutz« zusammenfassen könnte.

Eigennutz steht hier als Gegensatz zu Selbstlosigkeit, also dem Bemühen, den Nutzen anderer zu vermehren, andere Menschen oder die Gemeinschaft zu fördern. Ersteres wurde und wird negativ gesehen, während das Zweite als positiver Begriff in den Werteordnungen fast aller Kulturen auftaucht.

Der Eigennutz wird in der Regel materiell definiert, d.h. er findet seinen Ausdruck in materiellen Dingen wie Reichtum, Macht, Ansehen etc. Einen ideellen Eigennutz als negative Eigenschaft kennen in erster Linie das Christentum (hier besonders der Protestantismus) und der Buddhismus, in denen jede Zufriedenheit über eigene Frömmigkeit oder Selbstlosigkeit verurteilt wird.

Ist aber ein Streben nach materiellem Eigennutz von jenem nach ideellem Eigennutz zu trennen? Man verurteilt das eine und akzeptiert das andere. Zu Recht?

Wie steht es mit dem Yogi, dem Asketen, dem Mönch, der sich aus der Welt zurückgezogen hat, um durch Beten, Meditation oder Askese sein Ziel zu erreichen? Er nimmt harte, aber ganz andere Entbehrungen auf sich. Sein Ziel ist sicherlich nicht materiell, sondern ideell, aber ist es deshalb weniger egoistisch? Auch er ist auf sein persönliches Ziel fixiert, das zu erreichen, das »summum bonum« für ihn darstellt. Ist er uneigensüchtig? Kann der Mensch überhaupt uneigensüchtig handeln? Handelt nicht auch die Krankenschwester, der Künstler und der Revolutionär, überhaupt jeder Mensch, der ein Ziel erreichen will, insoweit egoistisch, als das erreichte Ziel ihm ganz persönlich Befriedigung verschafft. Wenn Eigennutz in unserer Werteskala einen negativen Stellenwert hat, wäre es vielleicht richtig, darüber neu nachzudenken. Jedenfalls wird man sagen können, daß der materielle Eigennutz ebenso wie der ideelle Eigennutz notwendiger Motor ist, um Ziele zu erreichen, die von allen bejaht werden.

Schließlich darf man nicht übersehen, daß Tüchtigkeit, Erfolg, Gewinn, Macht oder wie die Symbole des Eigennutzes heißen mögen, zugleich Symbole der Lebensfreude, der Lebensintensität und menschlicher Selbstbestätigung sind. Werden sie eingeschränkt, entfällt auch ein Stück Menschlichkeit.[29]

---

29 Es ist bemerkenswert, daß die aufstrebenden, den modernen Technologien zugewandten Nationen Asiens (Japan, Korea, Taiwan, Singapur etc. neben

b) Würdigung des Familienunternehmens

Ist die Kritik an Familienunternehmen in erster Linie auf einem ideologischen Hintergrund zu sehen, so steht die positive Bewertung zu einem Teil ebenfalls auf weltanschaulichen Füßen. Wie gerade ausgeführt, glauben die Befürworter der freien Marktwirtschaft an die Regulationsmechanismen des Marktes. Zum Markt gehört Wettbewerb, und Wettbewerb ist eine Form des Kampfes, bei dem es Sieger und Besiegte gibt.

Die Überlebenskraft des Erfolgreicheren setzt sich durch, wobei der Markt die Rolle eines Schiedsrichters einnimmt, der entscheidet, welches Marktangebot von ihm angenommen oder abgelehnt wird. So setzt sich ein laufender Prozeß des Werdens und Vergehens in Gang, in dessen Verlauf Unternehmen vom Markt verschwinden und neue, erfolgreiche dazustoßen. Da die neuen Unternehmen – wie gesagt – in der Regel von einzelnen Menschen gegründet werden, sind sie regelmäßig Familienunternehmen. Familienunternehmen sind daher notwendige Bausteine und Lebenselexier jeder Marktwirtschaft.

Nun bezieht sich dieses Argument nur auf die *Gründung* von Familienunternehmen. Es sagt nichts darüber aus, ob ein Unternehmen in der zweiten oder dritten Generation als Familienunternehmen weiterbestehen soll oder nicht. Der Marktwirtschaft könnte dies unter dem oben skizzierten Blickwinkel ziemlich gleichgültig sein.

Hier muß nun ein neuer Aspekt geschildert werden. Wenn ein Familienunternehmen sich über mehrere Generationen gehalten hat, so mag das für das Funktionieren der Marktwirtschaft von keiner grundsätzlichen Bedeutung sein. Den-

---

den USA) wenig Verständnis für den egalitär sozialistischen Pessimismus in unserem Lande zeigen. Suggeriert bei uns der geschäftliche Erfolg zuweilen eine unsoziale, weil dem Einzelnen und nicht der Gemeinschaft dienende Einstellung, so wird der gleiche Erfolg in jenem Teil der Welt eher von einem nationalen Stolz und Zustimmung getragen.

noch haben sich das Unternehmen und die Familie in den Augen der Öffentlichkeit einen gewissen Respekt und manchmal eine gewisse anerkennende Zustimmung verdient – wieso?

Zum einen mag man darin einen Ausdruck der Tüchtigkeit der ganzen Familie sehen. Ausgedrückt darin, daß es ihr gelang, über Generationen Mitglieder an die Spitze zu stellen, die fähig waren, das Unternehmen erfolgreich weiterzuführen. Das färbt auf die ganze Familie ab. Es gibt der Familie von außen jedenfalls den Anschein von Geschlossenheit und läßt die Vermutung zu, daß die Familie das Unternehmen gestützt hat, daß es als Zentrum und gemeinsame Basis angesehen wurde und daß das Unternehmen über Partikularinteressen der Familie gestellt wurde.

Ein solches Verhalten hat Vorbilder in der Zeit vor der Industrialisierung oder auch neben ihr. Auch ein Bauerngeschlecht war und ist stolz auf eine lange Tradition von Generationen, in denen der Hof im Besitz einer Familie ist. Der Satz »Der Bauer ist nichts, der Hof ist alles.« deutet auf die zentrale Bedeutung des Hofes als Zentrum der Familie hin. Der älteste Sohn konnte Bauer werden und den Hof erben, die Geschwister gingen meist leer aus, mußten sich fremd verdingen oder andere Berufe ergreifen. Der Hof aber galt und gilt als Ursprung und Mittelpunkt der Familie.

Beim Adel erfüllt der Fidei commiß eine ähnliche Funktion. Durch die Verschleppungen und Enteignungen des 2. Weltkrieges gingen viele Güter verloren. Zuweilen wurden auch im Westen erhalten gebliebene Güter aufgeteilt und letztlich verkauft. Nicht selten hat dies zum Verlust des Familienmittelpunktes geführt, der dann zu einer Entfremdung der einzelnen Familienmitglieder überleitete. Man konnte sehen, wie die Familie als Leistungsträger verfiel und damit ein Stück Stolz und Selbstwertgefühl.

Ich gehe davon aus, daß Ähnliches auch vom Handwerk und den Zünften des Mittelalters zu beobachten war, jedenfalls aber trifft es auf die eigentlichen Vorgänger der heutigen

Familienunternehmen zu, auf die Kaufmannsgeschlechter des süddeutschen wie des norddeutschen Raumes. Im Süden wurde man bald geadelt, wie die Fugger und die Welser, im Norden lehnten die hanseatischen Familien meist eine Erhebung in den Adelsstand ab.

Beides macht deutlich, daß in diesen Geschlechtern Eliten gebildet wurden. Der Adel integrierte seit Jahrhunderten die tüchtigen Elemente in seine Mitte und trug damit zu einer Auffrischung der Eliten der jeweiligen Zeit bei.

Auch Familienunternehmen, die über mehrere Generationen erfolgreich von der gleichen Familie geführt wurden, weisen den sie tragenden Familien die Züge einer Elite zu. Schumpeter sprach im Zusammenhang mit der Gründung einer solchen industriellen Familiendynastie von dem Zaubervollsten, das die bürgerliche Gesellschaft hervorgebracht habe.[30]

Aus diesem Grunde werden auch Unternehmersöhne bei gleicher Begabung und Ausbildung erfolgreicher als andere Altersgenossen sein können. Neben vergleichbarem Können und Wissen haben sie im Elternhaus häufig eine innere Einstellung und Haltung mitbekommen, die andere Altersgenossen nicht so selbstverständlich besitzen, und die ihre Führungsaufgabe und das Verständnis für Unternehmen erleichtern. Ganz ähnlich den Kindern von Ärzten oder Rechtsanwälten, die ebenfalls schon früh die Einstellung des Vaters, manche Probleme seines Berufes und sein damit verbundenes Ethos kennenlernen.

Nach dem 2. Weltkrieg sind nur noch wenige große und erfolgreiche Familiengesellschaften gegründet worden. Viele sind davon nicht mehr im Familienbesitz oder selbständig. Es ist daher eine gewisse Auszeichnung, wenn eine Familiengesellschaft überlebt und sich im Markt behauptet; eine Auszeichnung, die sich auf die Familie selber überträgt.

---

30 J.A. Schumpeter Kapitalismus, Sozialismus und Demokratie. Franke Verlag, München, S. 252.

Aber auch in den Fällen, in denen Stiftungen an die Stelle der Familien getreten sind, z. B. Robert Bosch, nötigt eine solche Handlungsweise in den Augen der Öffentlichkeit Respekt und Achtung ab. Wohl in erster Linie deshalb, weil hier der zur Gründung eines Unternehmens unbedingt erforderliche Eigennutz und Bereicherungswille des Unternehmers umgeschlagen ist in etwas Uneigennütziges, Unselbstsüchtiges, dem Gemeinwohl Dienendes. Die Familie (oder der Unternehmer) hat auf Reichtum und Einfluß freiwillig verzichtet. Es mag u. U. ein Eingeständnis von Schwäche ebenfalls darin liegen, ein Zeichen, daß die Familie sich die Weiterführung des Unternehmens nicht aus eigener Kraft mehr zutraut. Unbestreitbar aber hat die Gesinnung, die hier zum Ausdruck gebracht wird, einen eigenen Wert.

Ob dem Familienunternehmen in den Augen der Öffentlichkeit mehr »Familiäres«, z. B. mehr Menschlichkeit im Umgang mit seinen Mitarbeitern gutgebracht wird, hängt wohl auch von der Größe des Unternehmens ab. Sicher trifft dies zu bei kleineren Unternehmen, in denen der Unternehmer noch täglich sichtbar und greifbar (damit auch begreifbar) ist. Da das Unternehmen durch den Unternehmer und die Familie repräsentiert wird, muß sich sein Bild auch bei größeren Unternehmen in den Augen der Öffentlichkeit anders darstellen als eine Kapitalgesellschaft, deren Eigentümer anonym bleiben.

3. Die Sicht der Mitarbeiter

Ob ein Mitarbeiter lieber in einem Familienunternehmen oder in einer anonymen Gesellschaft arbeitet, hängt davon ab, ob es unterschiedliche Betriebsklimata, Aufstiegsmöglichkeiten, Verantwortungsbereiche etc. gibt.

Bei der Vielzahl von Gestaltungsmöglichkeiten in jeder Gesellschaftsform werden hier Unterschiede zunächst in der

Größe des Unternehmens und in der Persönlichkeit des oder der Unternehmensleiter zu finden sein als im Unterschied Familiengesellschaft – anonymes Unternehmen. Da aber tendenziell kleinere Unternehmen häufiger Familien-, größere häufiger Publikumsgesellschaften sind, seien hier einige Unterscheidungsmerkmale genannt.
Zunächst die Kritik:

(a) In Familienunternehmen herrscht mehr Willkür als in Publikumsgesellschaften. Die Familie nimmt Einfluß. Der »Kampf gegen die Tanten«[31] reicht in das Unternehmen hinein.

(b) In Familienunternehmen wird zu wenig sachlich entschieden. Mitarbeiter, die dem Unternehmer sympathisch sind, haben bessere Aufstiegsmöglichkeiten.

(c) Topleute haben in Familienunternehmen auf Dauer nichts zu suchen, denn sie müssen ständig damit rechnen, daß ihnen ein weniger qualifiziertes Familienmitglied vor die Nase gesetzt wird. An die Unternehmensspitze können sie als Nichtfamilienmitglied ohnedies nicht kommen.

(d) Stellt die Familie nicht ausreichend Kapital zur Verfügung, so müssen sich bietende Chancen und Investitionsnotwendigkeiten unterbleiben, die in einer anonymen Gesellschaft über den Aktienmarkt und Ausgabe neuer Beteiligungen finanziert werden können.

(e) Nicht nur der »Krieg gegen die Tanten«, auch innerhalb der Firmenführung kann es zu Pattsituationen kommen, die darauf beruhen, daß aktive Familiengesellschafter sich nicht mögen. Je nach Verteilung der Anteile und Stimmrechte kann

---

31 Kurt Pentzlin, »Die Zukunft des Familienunternehmens«. Econ Verlag GmbH, Düsseldorf 1976, S. 20.

dieses Patt von den anderen Gesellschaftern nicht aufgelöst werden und führt zu einer lebensbedrohenden Lähmung des Unternehmens.

(f) Letztlich ist die Nachfolge in Familienunternehmen von besonderer Schwierigkeit. Während die anonyme Gesellschaft sich des ganzen »Marktes« von Führungskräften bedienen kann, ist die Familiengesellschaft in vielen Fällen auf die Nachkommen der Familien angewiesen.

Wenngleich ich mich entschlossen habe, diese bekannten Schwachstellen von Familienunternehmen der Betrachtungsweise der Mitarbeiter zuzurechnen, könnte man es ebensogut der kritischen Betrachtungsweise der Öffentlichkeit zugesellen. Ich habe dies nur deshalb nicht getan, weil alle Punkte direkte Auswirkungen auf Mitarbeit und Aufstiegsmöglichkeiten des einzelnen Mitarbeiters haben können, der sich entschließt, in einem Familienunternehmen zu arbeiten.

Was steht dieser zumindest potentiell massiven Kritik am Familienunternehmen in den Augen der Mitarbeiter an Positivem gegenüber?

Kontinuität
Ein Familienunternehmen gleich welcher Rechtsform wird seine geschäftsführenden Gesellschafter weniger rasch wechseln als eine anonyme Gesellschaft.

Familiengesellschafter sind Miteigentümer; sie vertreten in ihrer Person Management- wie Eigentümerinteressen, sie sind als Mitglieder der Eigentümerfamilie sehr viel schwerer zu entlassen.

Dies führt etwa dazu, daß Familienunternehmer längerfristiger denken und Maßnahmen durchhalten können, auch wenn der schnelle Erfolg versagt bleibt, als ihre Kollegen in Publikumsgesellschaften, die alle paar Jahre zur Wiederwahl anstehen und daher kurzfristig aufwertbare Erfolge brau-

chen.[32] Diese Fähigkeit, Ziele langfristig und konsequent zu verfolgen, kann ein wichtiger Vorteil der Familiengesellschaften sein. Heinz Nixdorf hat es so ausgedrückt: »Wir sind vielleicht mutiger und investieren frühzeitiger. Wenn wir uns etwas vornehmen, dann machen wir das auch, und wir sind vermutlich stetiger in unseren Ansichten und Plänen.[33]

Die Familie selber verbürgt eine Kontinuität gegenüber dem Unternehmen in ihrem Denken und Handeln. Wenn diese Kontinuität, die nicht immer mit Konservativismus gleichgesetzt werden darf, auch nicht immer nur positive Seiten hat (manchmal hat sie auch wegen fehlender Flexibilität zum Niedergang geführt), so ist sie doch ein Element der Berechenbarkeit und Verläßlichkeit, das der Mitarbeiter in seine eigenen Überlegungen einbauen kann.

Dieser Kontinuitätsgedanke findet dort eine Erweiterung, wo die geschäftsführenden Familiengesellschafter in der persönlichen Haftung stehen. Zwar haften auch Geschäftsführer von Kapitalgesellschaften, gleichgültig ob anonyme oder Familiengesellschaft, aber ihre Haftung beschränkt sich doch auf Verschulden und auch diese Haftung erfährt ihre Einschränkung durch die jährliche Entlastung durch die Gesellschafterversammlung.

Der persönlich haftende Gesellschafter haftet in jedem Fall, gleichgültig ob ihn ein Verschulden trifft oder nicht oder ob er überhaupt von den Dingen Kenntnis erlangt hat, die zu einer Haftung führen.

Seine Haftung endet auch nicht mit seinem Austritt aus der Firma oder einer (internen) Entlastung durch die Gesellschafter, sie besteht fünf Jahre nach seinem Ausscheiden fort. Es liegt auf der Hand, daß hierdurch eine viel engere Koppelung von Unternehmens- und Unternehmerschicksal getroffen ist als in einer Kapitalgesellschaft.

---

32 Business Week vom 13. 08. 1984, S. 98, Prof. Gay W. Lorsch, head of advanced management program at Harvard Business School.
33 Manager Magazin 14. Jahrgang, 8/1984, S. 41.

Deutlich wird dies wie immer an einem Beispiel: Ein Unternehmen muß seine Pforten schließen und Konkurs anmelden. Der Unternehmensleitung kann kein haftungsbegründeter Vorwurf gemacht werden. In der anonymen Gesellschaft verlieren die Vorstände oder Geschäftsführer an Reputation, aber sonst nichts; in der Familiengesellschaft verlieren sie ebenfalls an Reputation, darüber hinaus aber den Vermögenswert, den ihre Beteiligung an der Firma darstellt. Als PhG verlieren sie ebenfalls an Reputation und Beteiligung, müssen aber darüber hinaus aus ihrem Privatvermögen nachschießen, je nach Höhe der Gesellschaftsschulden bis zur Pfändungsgrenze.

Das *Eigeninteresse* an einer erfolgreichen Firmenführung ist in einer Familiengesellschaft verstärkt zu sehen.

Der geschäftsführende Gesellschafter ist nicht nur Träger der Geschäftsführung, sondern zugleich Vertreter der Anteilseigner. Er kann keine Vermittlungsposition zwischen Kapital und Arbeit übernehmen. Er ist immer zugleich auch personifiziertes Kapital.

Durch die engere Bindung an das Unternehmen ist auch das persönliche Interesse am anderen tendenziell stärker. Oskar von Nell-Breuning beschrieb dies in einem Vortrag am 9. November 1982 so:

»Der Vorstand einer Publikumsgesellschaft kennt die Aktionäre nicht und kann sie daher auch nicht »inspirieren«. Erst gar, wer Aktien erwirbt, um sie bei erster Gelegenheit mit Kursgewinn wieder zu veräußern, identifiziert sich nicht mit dem »was da unternommen wird« und läßt sich damit nicht identifizieren; es kümmert ihn überhaupt nicht. Ganz anders ist die Situation des mittelständigen Unternehmers, wo der Unternehmer zugleich nicht nur der erste Arbeiter im Betrieb, sondern auch sein eigener Kapitalist ist. ... Daß er sich mit dem »was da unternommen wird« identifiziert, ergibt sich geradezu von selbst.«

Der Mitarbeiter weiß, daß seine Gesellschafter langfristig das Unternehmen führen werden, er kann einen raschen

Wechsel weder erhoffen noch fürchten. Das erhöht die Notwendigkeit, miteinander auszukommen, sich zu arrangieren. Damit steigt auch die Neugier an der Familie. Was der ausgeschiedene Senior macht und vor allem, wie der Nachwuchs aussieht, der als potentieller Chef eines Tages von Bedeutung sein kann, interessiert allgemein. Natürlich wirkt dies auch umgekehrt. Auch der Unternehmer ist an seinen Mitarbeitern in ähnlicher Weise interessiert. Auch sein Interesse reicht in den persönlichen und familiären Raum hinein, weil dies Auswirkungen auf die Zusammenarbeit im Unternehmen hat. Entlassungen oder Kündigungen führen daher im Familienunternehmen häufiger als in anonymen Gesellschaften zu persönlichen Loyalitätsproblemen. Der Unternehmer trägt neben seiner Verantwortung als Geschäftsführer auch die des Anteilseigners. Dieses zusätzliche Element kann Interessenkonflikte mit sich bringen, die er nicht über Aufsichtsrat oder Gesellschafterversammlung austragen kann, sondern in sich selber abmachen muß. Ein Beispiel ist die Berufung seiner Kinder nicht nur als Erben, sondern in die Unternehmensführung, ein Problem, dem sich ein Vorstandsmitglied einer Publikumsgesellschaft nicht ausgesetzt sieht.

Da der Familienunternehmer immer zugleich auch über eigenes Vermögen entscheidet,

(a) kann die Überwachung durch einen Aufsichtsrat oder Beirat nicht so streng sein wie in einer anonymen Gesellschaft (wenn sie es dort je ist!), weil die an ihrer Beteiligung hängenden Eigentümerrechte durch die Geschäftsführer selber ausgeübt werden,

(b) können Entscheidungen schneller fallen. Die Machtbefugnis eines geschäftsführenden Gesellschafters in einem Familienunternehmen ist aus den oben dargelegten Gründen regelmäßig höher als in einer anonymen Gesellschaft. Es müssen weniger Instanzen gefragt werden. Die Notwendigkeit, die Entscheidung nach allen Seiten abzusichern durch fremde oder eigene Untersuchungen (wie etwa gegenüber dem Aufsichtsrat einer AG) besteht meist in verringertem Maße.

Daher kann der Familienunternehmer seine Entscheidungen leichter als sein Kollege in der Publikumsgesellschaft auch auf nicht rational faßbare Erwägungen stützen. Jede unternehmerische Entscheidung, mag sie noch so abgesichert sein durch Marktuntersuchung, Zukunftsszenarien und analytische Rechnungen, behält ein Element von Unwägbarem. Das muß so sein, weil auch die freie Marktwirtschaft von Menschen gemacht wird, deren Verhalten sich zum Teil rationaler Prognose entzieht. Die Einflußfaktoren sind ihrer Zahl nach einfach zu groß (und in ihrer Gewichtung), um für die Zukunft Sicherheit zu erhalten. Der Unternehmer muß mit Wahrscheinlichkeiten arbeiten und gleichzeitig möglichst flexibel bleiben, um sich anpassen zu können, wenn die Entwicklung anders verläuft.

Was auf der einen Seite als zu willkürliche und zu wenig abgesicherte Entscheidung im Familienunternehmen kritisiert wird, entpuppt sich auf der anderen Seite als Möglichkeit zu einer rascheren oder auch instinktiveren Entscheidungsfindung. Gerade jüngere und kleinere Familienunternehmen verdanken ihren Erfolg dieser Tatsache.

(c) Trotz dieser Möglichkeit, schneller und in gewissem Umfang emotionaler zu entscheiden, ist es keineswegs sicher, daß der Familienunternehmer immer zu raschen Entscheidungen bereit ist.

Zum einen mag es in der Tat leichter sein, ein Risiko einzugehen, wenn man nicht nur über fremdes Vermögen entscheidet, sondern einen großen Teil des Risikos mit eigenem Vermögen abdeckt.

Die Gründergeneration ist in der Regel risikobereiter als die folgenden Generationen. Das hängt an der Persönlichkeitsstruktur des Gründers, der durch die Gründung seine unternehmerische Risikobereitschaft bewiesen hat, aber auch daran, daß er nur für sich selbst und nicht für andere entscheiden muß. Das Unternehmen gehört ihm häufig allein. In den folgenden Generationen wächst die Zahl der Gesellschafter. Auch wächst die Verpflichtung, Überkommenes – also Fremdes – fortzuführen.

Auf der anderen Seite zeigen gerade erfolgreiche ältere Familienunternehmen eine große Zurückhaltung beim Eingehen großer Risiken. Die Sturm- und Drangjahre der Expansion sind dann vorbei. Beharrlichkeit, vorsichtige Expansion und Solidität sind eher charakteristische Merkmale dieser Unternehmen.

Die Verantwortung vor der Familie und dem eigenen Geld machen ältere Familiengesellschaften wenig empfänglich für Abenteurergestalten an der Spitze des Unternehmens.

Man wird bei Familiengesellschaften, deren Anteile in mehreren Händen liegen, eher einen Zug zur Bescheidenheit als zur aufwendigen Selbstdarstellung finden, wie es bei manchen Vorstandsvorsitzenden gelegentlich zu beobachten ist.

Der Familienunternehmer ist dem Unternehmen stark verbunden und betreibt eine Politik, die von seiner persönlichen Überzeugung getragen wird. Dabei mag die Art und Weise, wie er diese Überzeugung gewinnt, sehr unterschiedlich und von seiner Persönlichkeit abhängig sein.

Sein Kollege in einer Publikumsgesellschaft hat mehr Rücksicht zu nehmen auf Faktoren, die nicht in ihm selber liegen. Beispielsweise hat er die Kontrollinstanz des Kapitals in Form etwa des Aufsichtsrates, die Reaktionen der Öffentlichkeit, Reaktionen der Börse auf den Kurs der Aktien etc. in seine Überlegungen einzubeziehen.

Ich zitiere nochmals Schumpeter: »Aus der Logik seiner Stellung erwirkt er (der Nichteigentümer, Anm. d. Verf.) etwas von der Psychologie des bezahlten Angestellten, der in einer bürokratischen Organisation arbeitet. Gleichgültig ob er Aktionär ist oder nicht; sein Kampf- und Durchhaltewille ist nicht so starr – und kann es nicht sein –, wie er es bei dem

Manne war, der das Eigentum und seine Verpflichtung im vollsten Sinne dieses Wortes kannte.[34]

Ich teile Schumpeters Auffassung insoweit nicht, als in ihr zum Ausdruck kommen könnte, angestellte Manager seien weniger als Unternehmer zu betrachten als etwa Familienunternehmer. In der Art des Engagements und der unternehmerischen Qualität ihrer Arbeit müssen sich beide nicht unterscheiden. Unternehmer finden sich in allen Gesellschaftsformen, nicht die Unternehmensform macht einen Wirtschaftsführer zum Unternehmer, sondern seine innere Einstellung. Ist diese unternehmerische Einstellung und Begabung vorhanden, so sehe ich beim Familienunternehmer eine Besonderheit in der Beziehung zum eigenen Unternehmen, das man besitzt, dessen Tradition man fortsetzt, in der Zähigkeit und bodenständigen Nähe zum Eigentum und in den Freiheitsgraden der Entscheidung.

Ohne sich überzeugt zu haben, wird der Familienunternehmer selten zur Aktion schreiten oder halbherzigen Kompromissen zustimmen, einfach weil sein eigenes Vermögen unmittelbar davon betroffen ist. In dieser Konstellation sehe ich einen Vorteil für das Unternehmen.

---

34 J.A. Schumpeter, Kapitalismus, Sozialismus und Demokratie. Franke Verlag, München 1950, S. 253.

IV. FAMILIENUNTERNEHMEN IN DER ZUKUNFT

Wird es morgen noch Familienunternehmen geben?
Wird ihre Zahl und ihre Bedeutung abnehmen?
Wird die Forderung nach mehr Gleichheit und mehr Gerechtigkeit zu einer weiteren Aufweichung des Eigentumsbegriffes und in der Folge zum Ende der Familiengesellschaften führen?
Werden Familiengesellschaften auf immer schärferen Wettbewerbsmärkten bestehen können?
Wird es ihnen gelingen, sich auch auf stagnierenden Märkten, die kein Wachstum mehr aufzuweisen haben, zu behaupten?

Solche und ähnliche bange Fragen werden häufig heute in Familiengesellschaften diskutiert. In meinen Augen sprechen unter der allerdings wesentlichen Voraussetzung, daß das Prinzip der Marktwirtschaft in unserem Lande erhalten bleibt, mehrere Gründe für eine erfolgreiche Zukunft der Familienunternehmen:

(1) Zunächst einmal sollte man sich vor Augen halten, daß ca. ¾ aller Unternehmen in unserem Lande Familienunternehmen sind, und daß die überwiegende Zahl der deutschen Arbeitnehmer in Familienbetrieben beschäftigt ist.

Auch von den etwa 450 Gesellschaften, deren Aktien an der Börse notiert werden, stehen über 200 unter Familieneinfluß. Wir reden hier also nicht von einer Minderheit innerhalb der Wirtschaft unseres Landes, sondern von einer Mehrheit. Das hat politisches Gewicht.

Zwar ist es richtig, daß die Zahl der selbständigen Unternehmer, besonders im Handwerk und im Handel, über die letzten 100 Jahre stark abgenommen hat. So gab es bis vor etwa 100 Jahren ca. ¼ Million Schuhmacherwerkstätten, während es gegenwärtig noch 14000 sind. Hier wie anderswo hat neue Technik und neue Produktionsweise das Handwerk verdrängt. Gleiches gilt etwa für die Kaufhäuser und Einkaufsketten, die eine Vielzahl von Einzelhändlern ersetzt haben. Dieser Rückgang der selbständigen Unternehmer im Handwerk ist eine Folge der Veränderung der Produktionsprozesse und bedeutet, wie die obigen Zahlen zeigen, keineswegs eine Verlagerung hin zu anonymen Gesellschaften. Gerade Struktur- und Marktveränderungen sind von Familiengesellschaften häufig zuerst wahrgenommen worden.

Sicherlich haben unter den großen Unternehmen der deutschen Wirtschaft Unternehmen wie Stinnes, Krupp, Thyssen, Reemtsma, Braun, Horten etc. die Eigenschaft als Familienunternehmen verloren, aber eine signifikante Veränderung unter den 100 größten Unternehmen unseres Landes zu Lasten der Familiengesellschaft läßt sich etwa über die letzten 25 Jahre nicht feststellen.

Bei den mittleren und kleinen Unternehmen herrscht heute wie früher die Familiengesellschaft vor. Ohne radikale Sozialisierung und Enteignung ist hier ein Wandel und schon gar eine rasche Änderung nicht zu erwarten.

(2) Ich vermute, daß Familienunternehmen, besonders kleine und mittlere Familienunternehmen, den Bedürfnissen der heutigen Jugend mehr entgegenkommen als große, anonyme Unternehmen. Unsere Jugend fühlt sich mehr als vorangegangene Generationen von Anonymität umgeben. Die Machtblöcke Staat – Schule – Universität – Unternehmen – Verbände sind für sie undurchschaubar geworden und damit vielfach fremd, unverständlich und bedrohend. Mehr und mehr sehnen sich junge Menschen nach der Idylle, dem Überschaubaren, Menschlichen, Bekannten. Hans Schelsky

schildert in seinem Buch »Die Funktionäre« sehr anschaulich den Prozeß der Anonymisierung und Wertentkleidung unserer Gesellschaft. Der von ihm geschilderte Funktionärstypus paßt eher in eine Publikumsgesellschaft als in ein Familienunternehmen.

Auf diesem Hintergrunde muß das Familienunternehmen gewisse Vorteile gegenüber der anonymen Gesellschaft in der Zukunft haben. Es kann ein Mehr an Überschaubarkeit, an Menschlichem und Persönlichem und damit an Geborgenheit (nicht materielle, wohl aber menschliche Geborgenheit) bieten. Ein mittlerer Unternehmer kann besser Einzelverantwortung übertragen, und für den einzelnen Mitarbeiter wird sein Beitrag, den er zum Unternehmensganzen leistet, leichter sichtbar. Stärken und Schwächen treten mit der Nähe und der Erscheinung des Unternehmers stärker hervor, werden weniger durch Instanzenwege, Stabsabteilungen und Schriftverkehr vertuscht. Auch das ist ein Mehr an Menschlichkeit, was besonders für kleine und mittlere Unternehmen, die meist Familienunternehmen sind, spricht. Für große Familienunternehmen gilt dies zwar auch, aber in geringerem Maße.

(3) In der Geschäftspolitik gibt es zumindest tendenziell Unterschiede. In vielen anonymen Großunternehmen findet man heute eine Art Funktionärsherrschaft. Die Vorstände sind sich einig, kein allzu hohes Wagnis einzugehen, weil ein Scheitern unmittelbare Folgen für sie selbst und ihr Verbleiben in der Gesellschaft haben könnte. Eine Politik des Konsens und ein niedriges Profil bieten meist die beste Gewähr für ein ungestörtes Arbeiten des Vorstandes.

Demgegenüber kann die Geschäftspolitik einer Familiengesellschaft risikofreundlicher sein, weil der Unternehmer auch bei einem Fehlschlag einer risikobeladenen Aktion nicht mit der sofortigen Abberufung durch Aufsichtsrat oder Gesellschafterversammlung rechnen muß.

Sein inneres Engagement ist schon deshalb enger, weil er für sich selbst und nicht für fremde Eigner arbeitet.[35]

Natürlich kann die größere Risikobereitschaft auch zu Fehlschlägen und damit zum Untergang des Unternehmens führen. Das hat sichtbare Auswirkungen in der Öffentlichkeit durch den Wegfall von Arbeitsplätzen etc. Auf die Kritik der Öffentlichkeit an allzu risikovollen Entscheidungen, die nicht durch den Filter eines Aufsichtsrats aufgefangen werden können, ist bereits hingewiesen worden. Sie ist häufig berechtigt, aber zugleich ein typisches Merkmal der Familiengesellschaft. Risiko und Entscheidungsmacht fallen hier eng zusammen.

Das Verantwortungsgefühl des Familienunternehmers ist universaler, umfaßt alle Bereiche des Unternehmens.

In einer Publikumsgesellschaft findet man oft ein größeres Vorstandsgremium mit klarer Teilverantwortung für einen oder mehrere Bereiche. Der Grundsatz der Nichteinmischung in den Bereich eines anderen Kollegen wird eifersüchtig überwacht, und in Fällen von Mißerfolgen wird meist eine klare Schuldzuweisung versucht, ohne eine Gesamtverantwortung des Vorstandes für den Fehlschlag zu übernehmen.

In Familiengesellschaften ist die Zahl der Familienunternehmer meist kleiner. Selbstverständlich gibt es auch hier Revierkämpfe und Abgrenzungen, allerdings seltener als bei Publikumsgesellschaften. Eine eifersüchtige Abgrenzung ist ein Zeichen, daß die Familienunternehmer sich nicht vertragen. Das Nichtvertragen der Familienunternehmer aber stellt, wie oben dargelegt, eine sehr viel größere Bedrohung des Unternehmens dar als das Nichtvertragen von Vorstandskollegen.

Erfolg oder Mißerfolg haben über die Stellung in der Fir-

---

35 Karl Werner Kieffer, »Die kritische Schwelle«. Verlag Rohr-Druck-Hildebrand GmbH, Kaiserslautern 1975, S. 23; andere Ansicht vertritt Otto A. Friedrich, »Das Leitbild des Unternehmers wandelt sich«. Seewald Verlag GmbH u. Co., Stuttgart 1959, S. 25.

menführung hinaus unmittelbar Auswirkung auf die Beteiligung an der Firma. Seine Gesellschaftsanteile zwingen den Familienunternehmer, stärker im Gesamtzusammenhang und im Unternehmenserfolg zu denken als dies etwa ein Vorstand einer Aktiengesellschaft tun muß, der durchaus seinen eigenen Bereich hervorragend und mit berechtigtem Stolz geführt haben kann, ohne daß das Gesamtunternehmensergebnis davon spürbar verbessert wurde.

(4) Solange Marktwirtschaft herrscht, wird es ein Kommen und Gehen von Unternehmen geben müssen. Tüchtigere treten an die Stelle von Untüchtigen. Dieser ständige Erneuerungsprozeß bedingt auch in Zukunft die Neugründung von Unternehmen, die wie in der Vergangenheit zunächst von natürlichen Personen geschaffen werden und somit Familienunternehmen sind.

Zwar ist es richtig, daß die Neugründung von Unternehmen in der Bundesrepublik auf besondere Schwierigkeiten stößt, die es in anderen Ländern, etwa der USA, nicht gleicherweise gibt. Die Bürokratisierung und die Flut von Gesetzen und Verordnungen, die zu beachten sind, machen den neuen Unternehmer fast zwangsläufig zum Gesetzesbrecher. Nach einer Aufstellung der Industrie- und Handelskammer Koblenz aus dem Jahre 1977 gibt es etwa 500 Gesetze und Verordnungen, die die Wirtschaft betreffen und hiervon immerhin noch 144, die ein neuer Unternehmer kennen müßte, ohne Außergewöhnliches in seinem Unternehmen vorzuhaben. Auch treffen diese Kosten der Bürokratie kleine Unternehmen weit mehr als Großunternehmen. So gibt die gleiche Kammerstudie an, daß bei Unternehmen zwischen 1–20 Beschäftigten diese Kosten ca. 3% vom Umsatz betragen, während dieser Satz bei Unternehmen mit mehr als 100 Beschäftigten nur noch 0.7% betragen[36]. Diese Benachteili-

---

36 Monatsbericht der Deutschen Bundesbank, Januar 1977; Zitat in »Gängelwirtschaft statt Marktwirtschaft«. Eine Dokumentation der Industrie- und Handelskammer Koblenz, November 1977, S. 5.

gung der kleinen Gesellschaften setzt sich dort fort, wo Innovationen durch öffentliche Förderungsmittel unterstützt werden und die kleinen Unternehmen die erforderlichen Formulare nicht ausfüllen können, weil z. B. ein Betriebsabrechnungsbogen nicht existiert.[37] Trotz dieser Nachteile hat die Bundesrepublik in den letzten Jahren steigende Zahlen von Neugründungen erfahren. Auch unterscheidet diese Benachteiligung nicht zwischen Familien- oder anonymen Unternehmen, sondern wendet sich an alle kleinen Unternehmen. Hier ist der Staat aufgerufen, die Rahmenbedingungen zu ändern.

Die Gründung von jungen Unternehmen versucht man in allen westlichen Ländern zu stützen. In den USA kam zuerst die Idee vom Venture Capital auf, also der Bereitstellung von Risikokapital, um jungen Menschen mit einer besonderen Idee eine Unternehmensgründung zu erleichtern. Auch in Deutschland bemühen sich – wenn auch schwerfällig – Staat und Banken, besonders Großbanken, die hierin eine eigene, wichtige, volkswirtschaftliche Aufgabe sehen. Dennoch kommt die Entwicklung leider nur langsam voran.[38]

Wenn es aber richtig ist, daß Innovationen nach wie vor in hohem Maße von kleineren und mittleren Familienunternehmen ausgehen[39] – sei es, daß eine Innovation zu einer Neugründung führte; sei es, daß neue Produkte, Verfahren etc. zuerst von kleineren Unternehmen gewagt wurden –, so ist

---

37 Ebenda, S. 8.
38 Anthony Solomon, Präsident der New York Federal Reserve Bank bemerkte kürzlich dazu: »We have, and the Europeans do not have, a magnificent capital market for floating stock in new companies. They may have innovations, but are less able to raise money for them.«
39 Von 61 der wichtigsten Erfindungen im bisherigen Verlauf des 20. Jahrhunderts kamen nur 12 aus den Laboratorien der Großunternehmen. Auch was die Anwendung von Forschungsergebnissen angeht, schneiden kleinere Unternehmen gut ab. War man lange Zeit der Meinung, daß Großunternehmen wesentlich bessere Möglichkeiten besitzen, neue technische Entwicklungen im Produktionsprozeß einzusetzen, so deuten empirische Fakten inzwischen auf einen diesbezüglichen Vorsprung der kleinen Unternehmen (Geschäftsbericht 1981 der Dresdner Bank, S. 5). Kleine Unternehmen aber sind in der Mehrheit Familienunternehmen; Erich Häußer »Das Deutsche

kein Grund ersichtlich, warum sich dies in der Zukunft ändern sollte. Vor einiger Zeit war häufig die Überlegung zu hören, die Forschungsaufwendungen in manchen Industriebereichen wie Elektronik/Halbleiter oder Chemie/Biologie seien so hoch, saß sie nur von Großunternehmen aufgebraucht werden könnten. Wenn man sich nun umschaut, wie die tatsächliche Entwicklung der letzten Zeit war, so fällt gerade hier der »Goldgräberrausch« von Firmenneugründungen in den USA im sog. Silicon Valley in Kalifornien auf. Halbleiterfirmen sind wie Pilze aus dem Boden geschossen, und die Technologie hat sich in großen Sprüngen durch kleine Unternehmen weiterentwickelt. Auch in der Gentechnologie waren es zunächst kleine neue Firmen, die erfolgreich waren. Gleiches gilt für die Entwicklung der Computertechnologie. Kleine Firmen haben hier über weite Strecken den Erfolg getragen, Firmen wie Apple, Wang, Tandy, Nixdorf etc., die sich gegen den Branchenriesen IBM erfolgreich durchgesetzt haben und die zunächst von Einzelpersonen gegründete Familienunternehmen waren, auch wenn sie später dann an die Börse gegangen sind.

Was also hat das Familienunternehmen zu fürchten?

Sicher ist das Maß staatlicher Eingriffe in die Wirtschaft beängstigend, sicher sind die Fluten von Vorschriften, einengenden Normen und die Höhe der Steuern eher hemmend. Aber das gilt gleichermaßen für Familiengesellschaften wie Publikumsgesellschaften. Häufig ist die wachsende Bürokratisierung in letzteren noch stärker ausgeprägt. Es ist keineswegs ausgemacht, daß Familiengesellschaften aufgrund ihrer höheren Flexibilität nicht besser damit fertigwerden.

Patentamt in der Zukunft«, in »Hundert Jahre Patentamt«, Festschrift, Hrsg. Deutsches Patentamt. Carl Heymanns Verlag KG, München 1977, S. 456; Ifo-Institut für Wirtschaftsforschung, »Patentwesen und technischer Fortschritt, Teil I«, Die Wirkung des Patentwesens im Innovationsprozeß. Verlag Otto Schwartz & Co., Göttingen 1974, S. 26, 29.

Letztlich gilt, daß Familiengesellschaften nicht besser oder schlechter als ihre anonymen Schwestern sind, sondern lediglich anders. Sie bedeuten mehr Chance, aber zugleich auch mehr Risiko. Wenn das Familienunternehmen etwas zu fürchten hat, so wohl am ehesten sich selbst bzw. die Unternehmer und ihre Familien, die dahinterstehen. Werner Schulze hat es neulich im WDR auf diese Formel gebracht: »Familienunternehmen haben einen großen Vorteil: Die Eigentümer identifizieren sich meist ganz und gar mit ihrer Firma und deren Produkten, und sie haben einen großen Nachteil: Die Eigentümer identifizieren sich meist ganz und gar mit ihrer Firma und deren Produkten.[40]

---

[40] Sendung des WDR vom 3. März 1983: »Herr im eigenen Haus, die besonderen Risiken der Familienunternehmen«.